매일 똑똑해지는 1분
과학

초판 1쇄 발행 2022년 2월 20일

존 리차드 지음 | 이섬민 옮김

ISBN 979-11-6581-347-5 (77400)

60 Second Genius Science
© 2021 Welbeck Publishing Group Limited
First published in the UK in 2021 by Welbeck Publishing Group Limited All rights reserved.

Korean language edition © 2022 by Spoonbook, lnc.
Korean translation rights arranged with Welbeck Publishing Group Limited through EntersKorea Co., Ltd., Seoul, Korea.

* 책값은 뒤표지에 있습니다.
* 잘못 만들어진 책은 구입하신 곳에서 바꾸어 드립니다.

발행처 주식회사 스푼북 | **발행인** 박상희 | **총괄** 김남원
편집 박지연·김선영·박선정·권새미 | **디자인** 지현정·김광휘 | **마케팅** 손준연·한승혜·이성호
출판신고 2016년 11월 15일 제2017-000267호
주소 (03993) 서울시 마포구 월드컵북로6길 88-7 ky21빌딩 2층
전화 02-6357-0050(편집) 02-6357-0051(마케팅)
팩스 02-6357-0052 | **전자우편** book@spoonbook.co.kr

제품명 매일 똑똑해지는 1분 - 과학	**제조자명** 주식회사 스푼북	⚠ **주 의**
제조국명 대한민국	**전화번호** 02-6357-0050	
주소 (03993) 서울시 마포구 월드컵북로6길 88-7 ky21빌딩 2층		아이들이 모서리에
제조년월 2022년 2월 20일	**사용연령** 10세 이상	다치지 않게 주의하세요.
※ KC마크는 이 제품이 공통안전기준에 적합하였음을 의미합니다.		

차례

제1장
재료와 물질

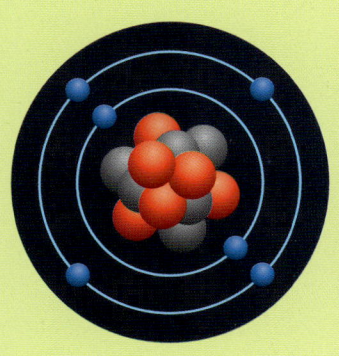

과학이란 무엇일까요?	8
물질의 상태	11
상태의 변화	12
원자는 무엇일까요?	14
원소와 주기율표	16
혼합물	18
혼합물 분리하기	19
반응	20
산과 염기	22
금속	24
비금속	25
굳기(경도)	26
소성과 탄성	27
합성 재료	28
복합 재료	29
천연자원의 이용	30

제2장
에너지

에너지는 무엇일까요?	33
열	34
핵에너지	36
파동 만들기	37
빛	38
반사와 굴절	40
전자기 스펙트럼	42
소리	44
전기	46
전기 만들기	48
에너지 자원	50

제3장
힘

힘은 무엇일까요?	53
힘의 상호 작용	54
중력	56
압력	58
마찰	59
뜨고 가라앉는 원리	60
비행	62
전자기력	64
단순한 기계들	66
기관과 전동기	68

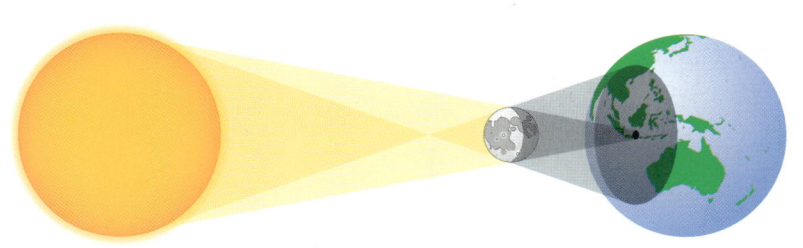

제4장
우주

우주 탐사	71
태양계	72
달과 위성	74
다른 천체들	75
항성(별)	76
성운	78
은하	80
대폭발(빅뱅)	82

제5장
지구

육지와 바다	85
지구의 내부	86
판 구조론	88
암석의 순환	90
대기	92
물 순환	94
날씨와 기후	96
서식지	97
기후 변화	98

제6장
생물계

생물 분류	101
세포	102
DNA와 유전자	104
조직과 기관	105
신체 계통	106
먹이 사슬	108
미생물	110
균류	111
식물	112
무척추동물	114
척추동물	116
진화와 멸종	118
지구 지키기	120

용어 설명	122

과학이란 무엇일까요?

과학자는 우리 주변의 세계가 어떤 식으로 움직이며 그 이유가 무엇인지 설명하는 사람입니다. 이를 위해서 과학자는 물체와 사건들을 관찰해 언제 어떤 일이 일어나는지 기록합니다. 그리고 이 정보나 자료를 이용해 이런저런 가설이 맞는지 확인합니다.

가설이란 어떤 사실을 설명하기 위해 임시로 세운 이론을 뜻합니다. 어떤 가설이 맞다는 것이 자료로 확인되더라도 나중에는 바뀔 수 있습니다. 기술의 발전으로 우리가 알던 것을 완전히 바꾸어 놓을 훨씬 더 많은 정보와 자료가 얻어지기도 하니까요.

어떤 경우든 과학자들은 사건을 관찰해 정보를 기록하고 모으는 일을 멈추지 않을 것이며, 이를 통해 인류는 이 우주와 그 안의 모든 것에 대해 더 잘 이해할 수 있게 될 것입니다.

제1장

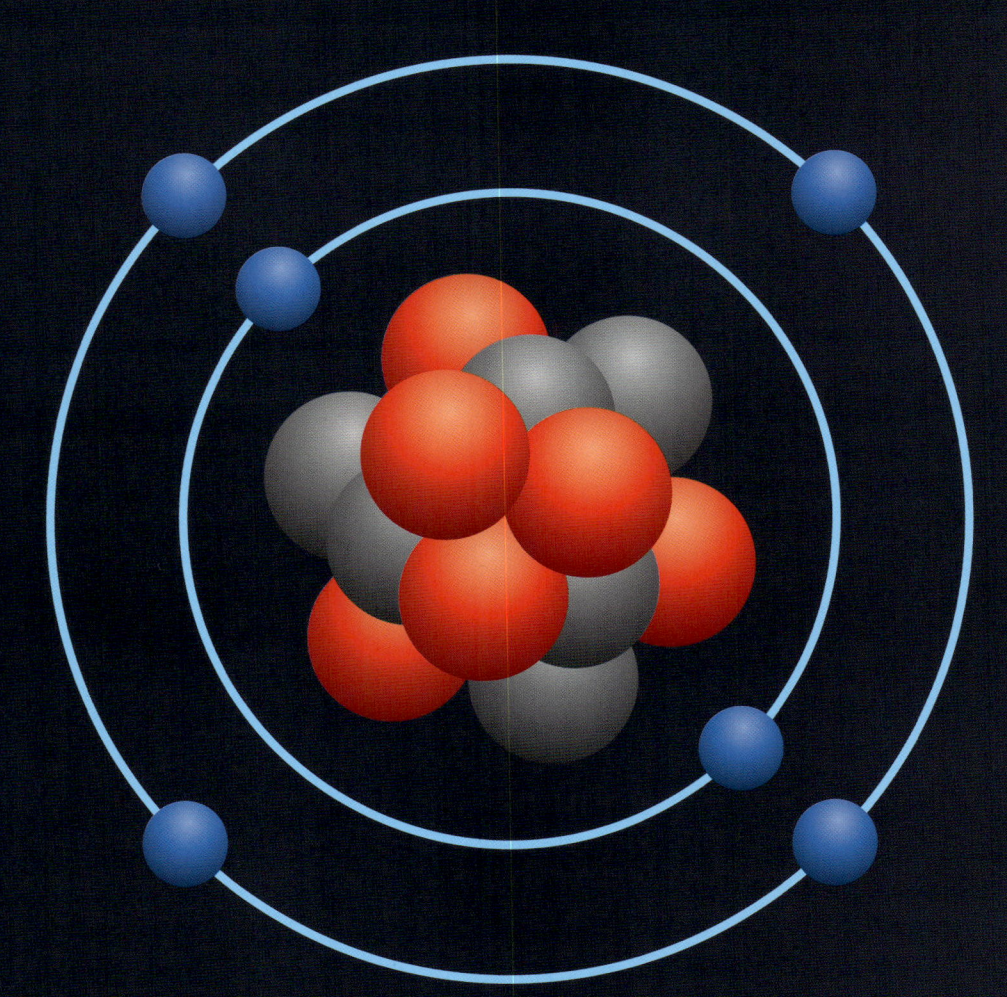

재료와 물질

물질의 상태

세상의 모든 것은 물질로 되어 있습니다. 수도꼭지에서 흘러나오는 물도, 하늘에 떠 있는 구름도 물질이지요. 물질은 아주 작은 알갱이들로 이루어져 있는데 그 알갱이들의 움직임에 따라 네 가지 상태 가운데 하나로 존재합니다.

고체

고체를 이루는 알갱이들은 서로 단단하게 묶여 있습니다. 알갱이들이 마음대로 돌아다니지 못하기 때문에 고체는 모양과 부피가 변하지 않습니다.

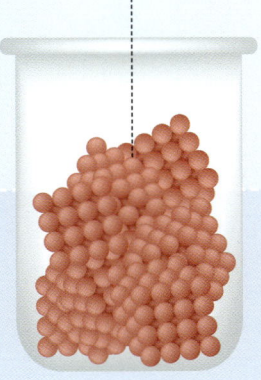

액체

액체를 이루는 알갱이들은 위치가 고정되어 있지 않습니다. 그래서 자유롭게 흐를 수가 있고, 담아 두는 통에 따라 모양이 달라집니다. 하지만 부피는 변하지 않습니다.

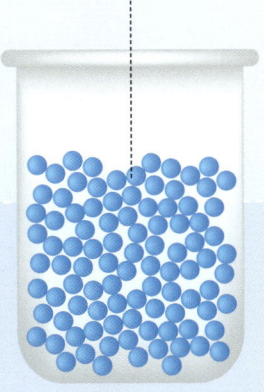

기체

기체를 이루는 알갱이들은 자유롭게 돌아다닐 수 있습니다. 그래서 어디에 담아도 알갱이가 자유롭게 퍼져 그 공간을 가득 채우고, 공간에 따라 모양이나 부피가 변합니다.

플라스마

플라스마는 기체와 비슷하지만 알갱이들이 전기적인 성질을 띠고 있습니다. 태양과 같은 별들도 플라스마 상태로 되어 있습니다.

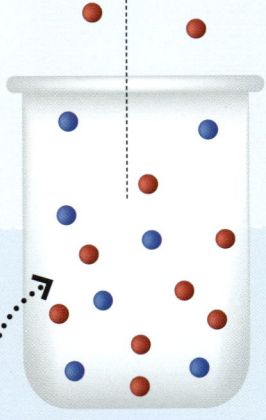

한번 해 볼까?

물은 지구상에서 고체(얼음), 액체(물), 기체(수증기) 상태로 모두 존재하는 몇 안 되는 물질 가운데 하나입니다. 여러분의 집 안에서 다양한 상태로 있는 물을 찾아보세요.

우리가 관찰할 수 있는 우주의 99퍼센트 이상이 플라스마 상태입니다. 하지만 과학자들은 우리가 설명할 수 있는 물질은 우주 전체의 4퍼센트 정도뿐이라고 말합니다. 나머지는 우리가 볼 수 없는 신비한 존재여서 '암흑 물질'이나 '암흑 에너지'로 불립니다.

상태의 변화

알갱이들이 가진 에너지의 양이 달라지면 물질은 한 상태에서 다른 상태로 바뀔 수 있습니다. 에너지가 줄어들면 알갱이들은 더 느리게 움직이거나 아예 멈출 수도 있습니다. 반대로 에너지가 커지면 알갱이들은 더욱 빠르게 움직이다가 흩어져 날아갈 수도 있습니다.

승화

어떤 고체가 먼저 액체로 변하는 단계를 거치지 않고 바로 기체가 되는 것을 승화라고 합니다. 드라이아이스라고도 하는 고체 상태의 이산화 탄소는 실내 온도에서 승화되면서 흰 안개를 만듭니다. 이때 이산화 탄소 기체 자체는 눈에 보이지 않으며, 이 흰 안개는 공기 중의 수증기가 식어 응결된 것입니다.

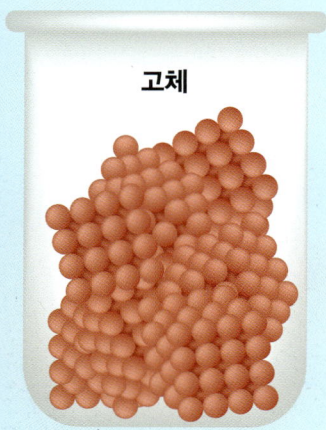

액체는 온도가 어느 이하로 낮아지면 고체로 변하는데 이를 응고라고 합니다. 이때 알갱이들은 움직임이 느려지면서 서로 단단히 묶이게 됩니다. 고체 속의 알갱이들은 정해진 위치에서 진동만 할 수 있습니다.

응고

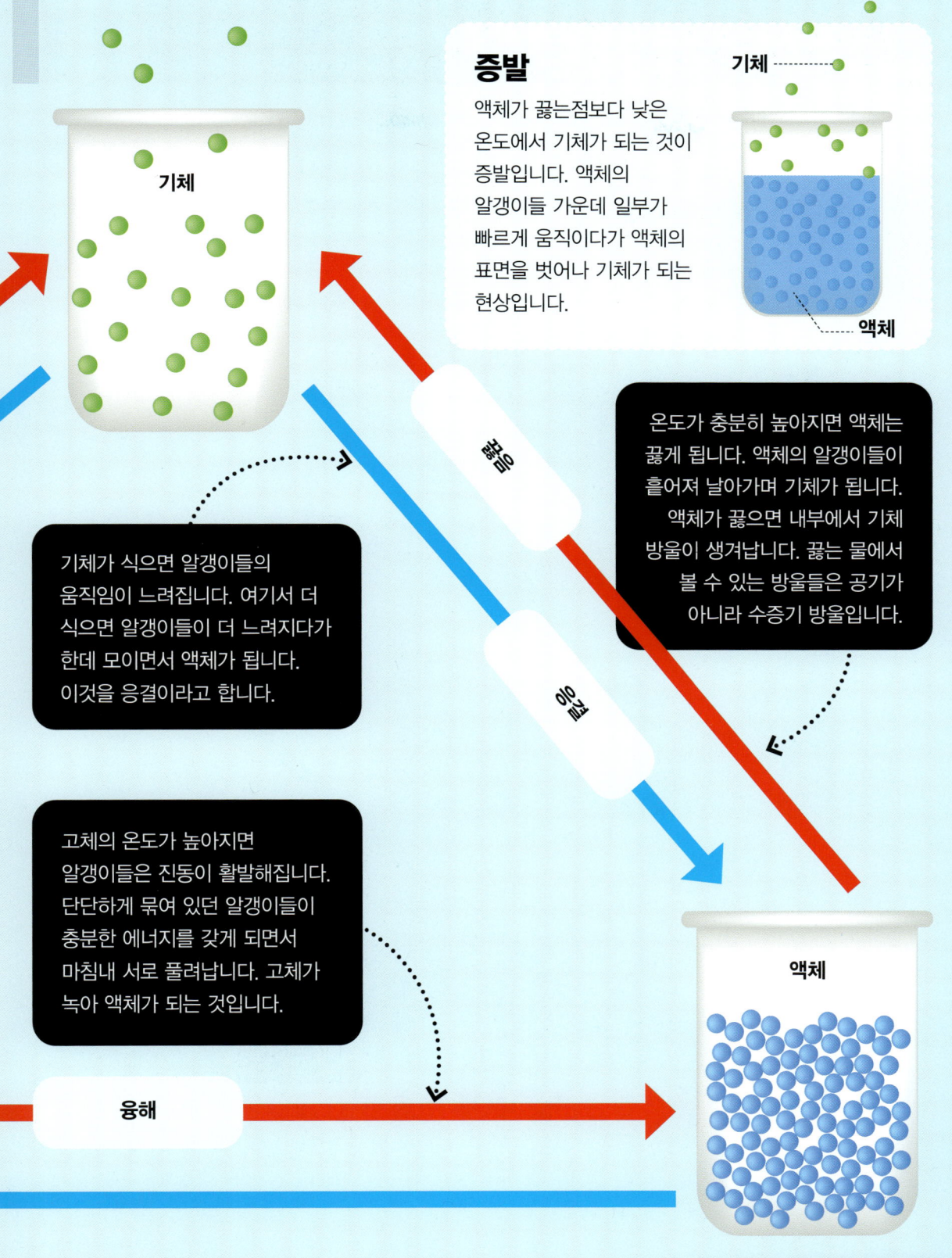

원자는 무엇일까요?

우주의 물질들 대부분은 원자로 이루어져 있습니다. 원자는 고성능 현미경으로도 볼 수 없을 만큼 작습니다. 문장 끝에 찍는 마침표 하나가 들어갈 자리를 수백만 개의 원자로 채울 수 있을 정도입니다. 하지만 이렇게 작은 원자도 '원자 속 알갱이'라는 더 작은 알갱이들로 이루어져 있습니다.

핵

원자의 한가운데에는 핵이 있습니다. 핵은 중성자와 양성자 같은, 원자 속 알갱이들로 이루어집니다.

중성자

중성자들은 원자의 핵 속에서 발견되며, 전기적인 성질을 띠지 않습니다.

양성자

전자

원자 속 알갱이인 전자는 중성자나 양성자보다 질량이 훨씬 더 작습니다. 전자는 음전기를 띠고 있습니다. 그리고 원자핵을 둘러싸고 있는 서로 다른 껍질(또는 층)에서 아주 빠르게 원자 둘레를 돕니다.

전자

양성자는 원자의 핵 속에 있으며 양전기를 띠고 있습니다.

원자 속에 있는 양성자의 개수와 전자의 개수는 대개 같습니다. 하지만 원자는 화학 반응을 통해 전자를 얻거나 잃을 수 있습니다. 예를 들어 태양의 플라스마는 전자를 잃은 원자들로 이루어져 있습니다.

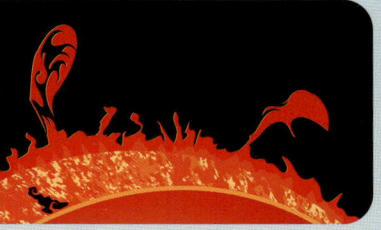

분자 만들기

원자는 원자 상태 그대로는 잘 발견되지 않습니다. 원자는 보통 다른 원자와 결합해 분자라는 알갱이를 이루고 있습니다.

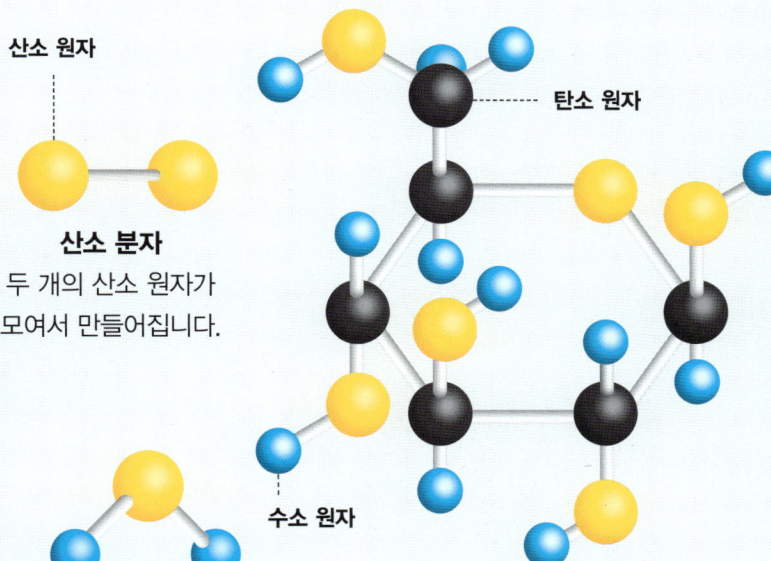

산소 원자

산소 분자
두 개의 산소 원자가 모여서 만들어집니다.

탄소 원자

수소 원자

물 분자
두 개의 수소 원자와 한 개의 산소 원자로 만들어집니다.

포도당 분자
포도당은 당분의 한 가지입니다. 포도당 분자는 6개의 탄소 원자, 12개의 수소 원자, 6개의 산소 원자로 이루어져 있습니다.

원자 속의 양성자 개수는 이 원자가 어떤 물질인지 결정합니다. 예를 들어 79개의 양성자를 가진 원자는 모두 금 원자입니다. 어떤 물질을 구성하는 모든 원자들이 똑같은 개수의 양성자를 가지고 있으면 그 물질을 원소라고 부릅니다.

원소와 주기율표

'주기율표'는 일정한 규칙성에 따라 원소를 배열한 표입니다. 원소들은 원자 번호 순서로 배열되며, 같은 줄의 왼쪽에서 오른쪽으로 갈수록 원자 번호가 커집니다.

기호

원소에는 그 원소만의 기호가 주어집니다. 기호는 원소 이름의 머리글자일 수도 있고, 라틴어 이름을 줄인 것일 수도 있습니다. 예를 들어 탄소는 영어 carbon의 머리글자 C로, 납은 라틴어 이름인 플룸붐plumbum을 줄여 Pb로 표시합니다. 어떤 원소는 유명한 과학자의 이름을 따기도 합니다. 예를 들어 코페르니슘(Cn)은 르네상스 시대의 과학자 니콜라우스 코페르니쿠스의 이름을 땄습니다.

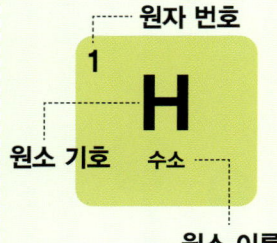

이름과 번호

각각의 원소에는 질량수와 원자 번호가 표시됩니다. 원자 번호는 그 원자의 핵에 들어 있는 양성자의 개수를 나타냅니다. 질량수는 각 원자핵에 들어 있는 양성자 수와 중성자 수의 합을 가리킵니다.

1869년 러시아의 화학자 드미트리 멘델레예프가 처음으로 주기율표를 발표했습니다.

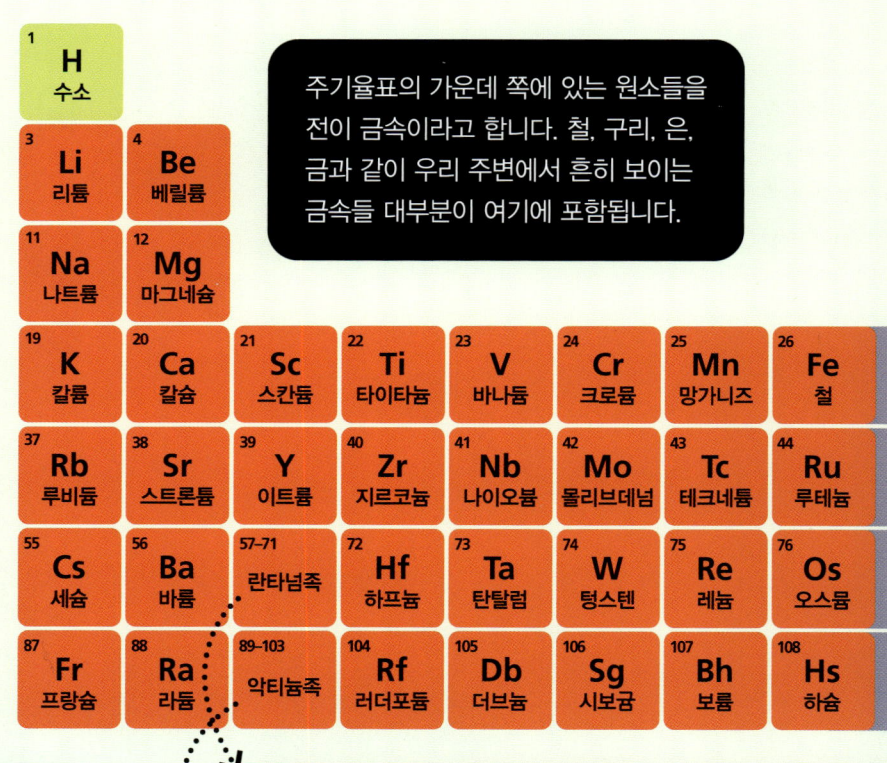

16

인공 원소

원자 번호 1부터 94까지는 지구에서 자연 상태로 발견되는 원소들입니다. 그보다 큰 번호를 갖는 24가지 원소들은 원자로나 입자 가속기, 강력한 핵폭발 등을 통해 인공적으로 만들어졌습니다. 합성 원소라고도 하는 이런 원소 가운데 어떤 것은 이제껏 아주 적은 개수만 존재했습니다.

원소족

주기율표에서 같은 세로 기둥에 속해 있는 원소들을 '족'이라 하며, 같은 족의 원소들은 어떤 공통적인 성질들을 갖습니다. 예를 들어 주기율표 맨 오른쪽의 비활성 기체들은 반응성이 아주 낮습니다. 분자를 이루거나 다른 원소와 반응하려 하지 않는다는 뜻입니다. 과학자들은 원소들을 금속과 비금속이라는 두 개의 큰 무리로 분류합니다.

탄소 원소는 다른 원소와 결합해 1천만 가지에 가까운 화합물을 만들 수 있습니다. 화합물은 분자에 두 가지 이상의 원소가 포함된 물질입니다.

그림 설명:
- 비금속
- 금속

혼합물

혼합물은 두 가지 이상의 물질이 서로 화학적으로 결합하거나 반응하는 일이 없이 그냥 섞여만 있는 것을 말합니다.

혼합물의 종류

거친 혼합물
물과 모래가 섞여 있는 해변의 돌들이나 그릇에 담긴 모둠 견과류와 같이, 큰 알갱이들로 이루어진 혼합물입니다.

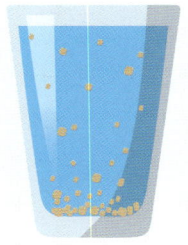

현탁액
알갱이들이 액체 속에서 녹지 않고 떠다니는 것이 현탁액입니다. 물속의 진흙 알갱이들이 시간이 지나면 바닥으로 가라앉는 것처럼, 이 알갱이들은 시간이 지나면서 가라앉아 바닥층을 이루게 됩니다.

용액
어떤 물질이 액체에 완전히 녹아 있는 것이 용액입니다. 녹는 물질을 용질, 녹이는 액체를 용매라고 합니다. 예를 들어 소금 결정을 물에 넣으면 녹아서 물과 완전히 섞이면서 소금물 용액이 만들어집니다.

짠물에서는 몸이 더 잘 뜹니다.

이스라엘과 요르단에 걸쳐 있는 사해는 세계에서 수면이 가장 낮은 호수입니다. 물이 흘러 들어오지만 나가지 못하고 증발이 심해 염분 농도가 보통 바닷물의 열 배나 됩니다.

사해 주변에서는 소금 결정들이 만들어집니다.

혼합물 분리하기

알갱이들이 크거나 잘 섞이지 않은 상태의 혼합물은 어렵지 않게 분리할 수 있습니다. 하지만 알갱이가 작거나, 용액의 경우처럼 완전히 섞여 있다면 분리하는 데에 많은 노력이 필요합니다.

여과

혼합물이 여과지를 통과할 때 큰 알갱이는 종이에 걸러지고 물 분자 같은 작은 알갱이만 통과합니다. 마스크는 공기 알갱이는 통과시키지만 먼지와 연기는 막아 줍니다.

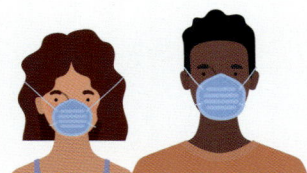

끓이기

소금물을 끓이면 물 분자는 수증기가 되어 날아가 버리고 소금이 남습니다.

원심 분리기

원심 분리기는 혼합물을 관에 넣고 아주 빠르게 회전시킵니다. 이때 무거운 알갱이들이 관의 아래로 가라앉고 가벼운 알갱이들은 위에 남게 됩니다. 병원에서는 피 속의 성분들을 분리할 때 원심 분리기를 씁니다. 혈소판과 백혈구들이 가운데에 모이고 혈장이 위에 남는 식으로 분리가 이루어집니다.

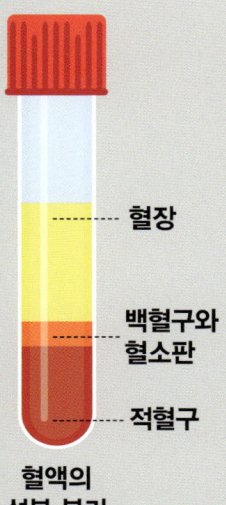

혈액의 성분 분리
- 혈장
- 백혈구와 혈소판
- 적혈구

크로마토그래피

잉크 같은 혼합물은 분자 크기가 서로 다른 물질들로 이루어져 있습니다. 이 물질들은 잉크 방울을 종이에 떨어뜨려 분리할 수 있습니다. 물이 종이에 스며들면서, 물에 녹아 있던 잉크 성분들 가운데 작은 알갱이들은 큰 알갱이들보다 멀리 퍼져 나갑니다. 이런 분리 방법을 크로마토그래피라고 합니다.

검정 잉크가 여러 가지 다른 색깔들로 분리됩니다.

- 종이
- 검정 잉크 얼룩
- 물

증류

두 가지 액체로 이루어진 용액을 끓여서 분리하는 것을 증류라고 합니다. 끓는 용액에서 나오는 기체는 관을 따라 올라갑니다. 기체는 올라가는 동안 식게 되는데, 이때 끓는점이 더 높은 물질은 응결이 일어나 다시 액체가 됩니다. 다른 물질은 계속 기체 상태로 남아 있으며 이를 나중에 식혀서 액체로 바꿉니다.

반응

오랫동안 같은 상태를 유지하는 물질도 있지만, 어떤 물질은 다른 물질과 결합해 모양과 성질이 완전히 바뀌기도 합니다. 이를 반응이라고 합니다.

반응할 때 일어나는 일

반응에 참가하는 물질은 각각의 원자들로 쪼개집니다. 원자들은 다른 물질의 원자들과 결합해 완전히 새로운 물질이 됩니다. 이를 화합물이라고 합니다. 예를 들어 **철(Fe)**이 **황(S)**과 결합하면 **황화 철(FeS)**이 됩니다.

> 어떤 원자도 화학 반응이 일어나는 동안 파괴되거나 새로 생겨나지 않습니다. 반응하는 물질들의 전체 질량은 새로운 화합물의 전체 질량과 같습니다.

 +  →

철(Fe)　　　　황(S)　　　　황화 철(FeS)

반응 속도

어떤 반응은 아주 천천히 일어납니다. **철(Fe)**은 공기 중의 **산소(O)**와 결합해 아주 서서히 **산화 철(FeO)**이 됩니다. 녹이 스는 현상이 바로 이 반응입니다.

어떤 반응은 엄청나게 빠른 속도로 일어나 폭발을 일으키기도 합니다. 다이너마이트는 화학적인 변화가 일어날 때 생기는 격렬한 폭발 반응을 이용해 폭약으로 사용됩니다.

열이 나는 반응들

물질이 불타는 것은 에너지가 열의 형태로 방출되는 반응이며 이를 '연소'라고도 합니다. 이것은 발열 반응 가운데 하나입니다. 연소에는 연료, 열, 산소의 세 가지가 필요합니다.

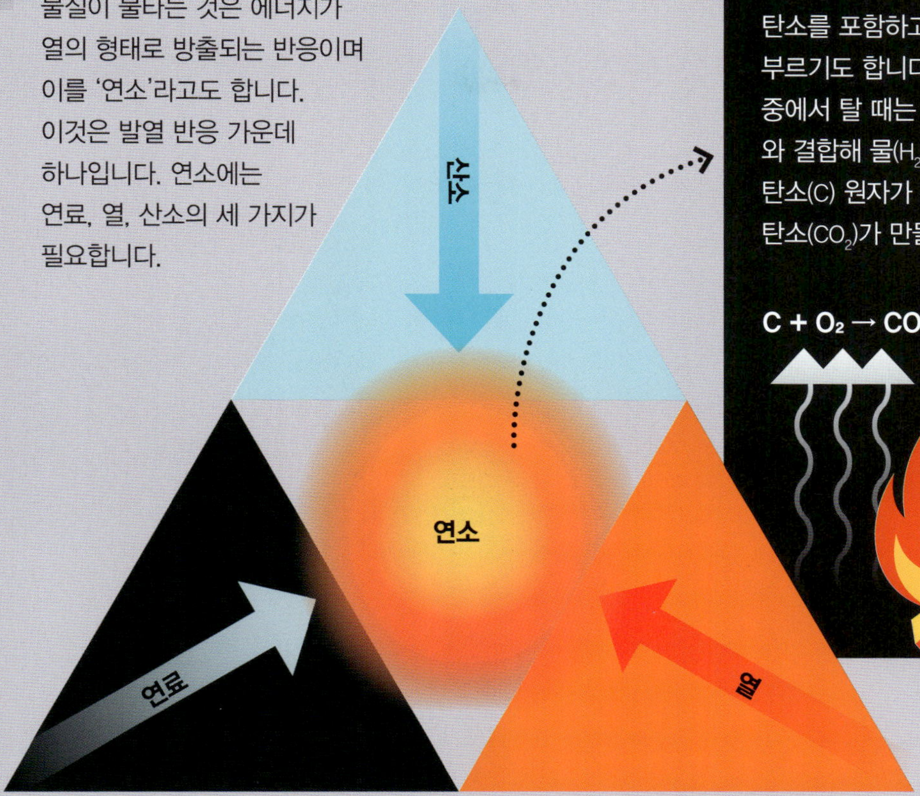

석탄과 같은 화석 연료들은 수소와 탄소를 포함하고 있어 '탄화수소'라고 부르기도 합니다. 화석 연료가 공기 중에서 탈 때는 수소(H) 원자가 산소(O)와 결합해 물(H_2O) 분자가 만들어지고, 탄소(C) 원자가 산소와 결합해 이산화탄소(CO_2)가 만들어집니다.

$$C + O_2 \rightarrow CO_2 \qquad 2H_2 + O_2 \rightarrow 2H_2O$$

한번 해 볼까?

집 안에서 화학 반응들을 찾아내 봅시다. 요리할 때 가스 불이 타오르는 것도 화학 반응이고, 문밖의 낡은 자전거가 녹스는 것도 화학 반응입니다. 반응들을 한데 정리해 어떤 물질들이 반응하는 것인지 찾아보세요. 단, 뜨거운 것을 다룰 때는 조심해야 합니다. 어른의 도움을 받으세요!

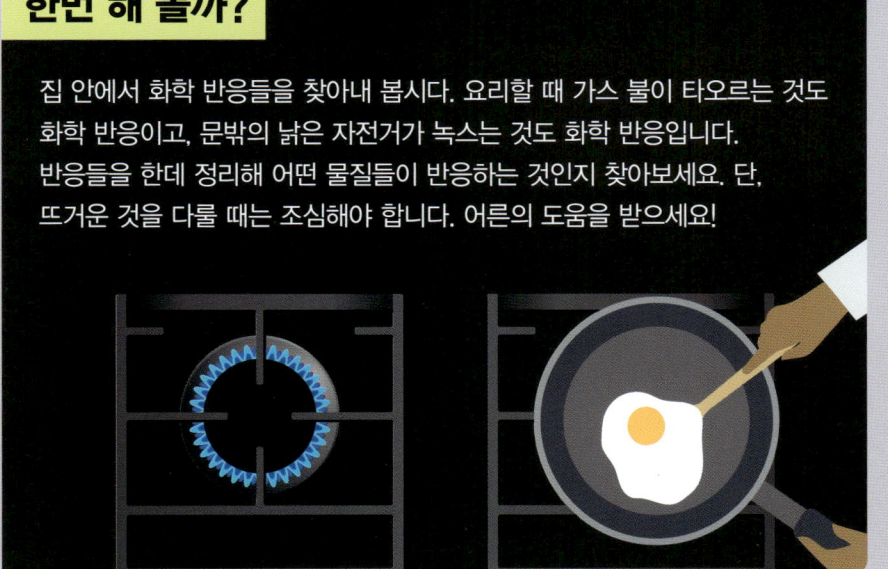

산과 염기

액체는 산성을 기준으로 분류하기도 합니다. 산성은 액체가 다른 물질들과 어떤 식으로 반응하는지를 나타냅니다. 산성의 정도에 따라 크게 나누어 한쪽은 '산', 또 다른 한쪽은 '염기'로 부릅니다.

pH 지수

액체의 산성은 pH 지수로 나타냅니다. pH 지수는 1부터 14까지의 값을 가지며, 1은 아주 강한 산성, 7은 중성, 14는 아주 강한 염기성입니다. 강한 산과 강한 염기는 아주 해로운 물질일 수 있으며 재료들을 녹여 버리는 일도 있습니다. 하지만 약한 산과 약한 염기는 해롭지 않아서 먹고 마실 수도 있습니다.

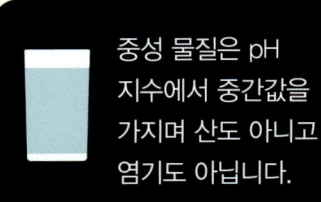

중성 물질은 pH 지수에서 중간값을 가지며 산도 아니고 염기도 아닙니다.

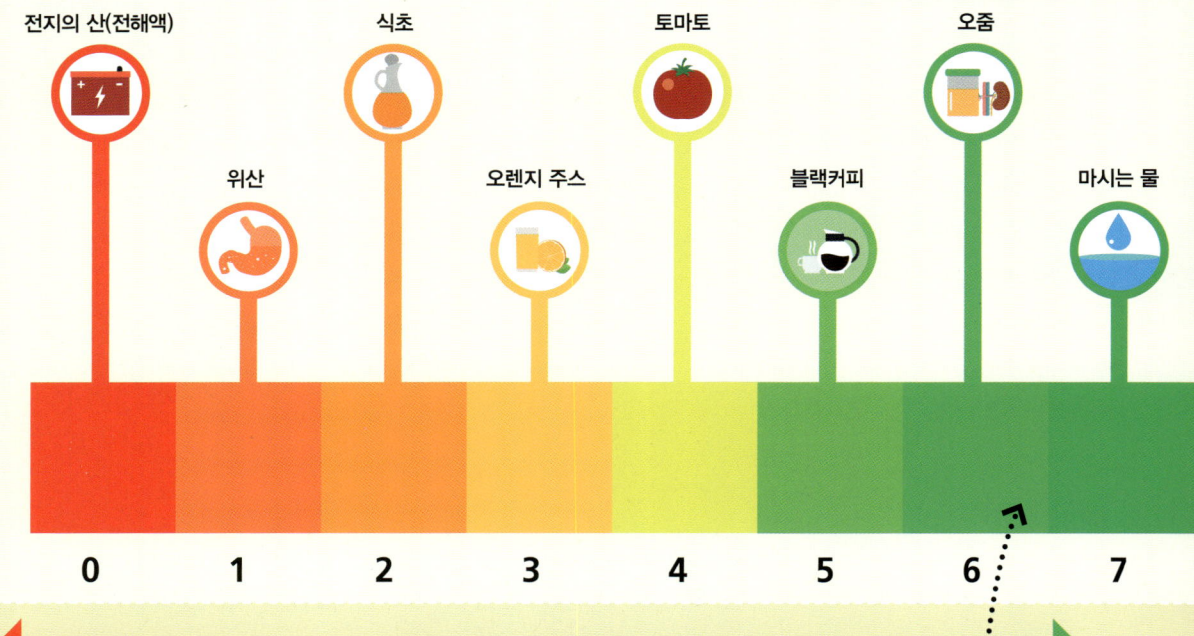

산

강한 산은 물체를 잘 부식시키는 성질이 있습니다. 이런 물질들은 강력 세제로 쓰이거나 자동차의 전지에 들어가곤 합니다. 우리의 위 속에는 가장 강한 산 가운데 하나인 염산이 있어 음식물 분해에 도움을 줍니다. 오렌지와 레몬 같은 감귤류 과일과 토마토에도 약한 산이 들어 있습니다.

우유는 pH 지수가 6.5로 아주 약한 산성을 띠고 있습니다.

산과 염기의 혼합

산과 염기를 섞으면 흥미로운 반응이 일어납니다. 산과 염기가 서로의 성질을 없애면서 중성인 물과 '염'이라는 종류의 물질이 만들어집니다. 예를 들어 식초(산)와 베이킹 소다(염기)를 섞으면 이산화 탄소 기체가 생기면서 거품이 발생합니다.

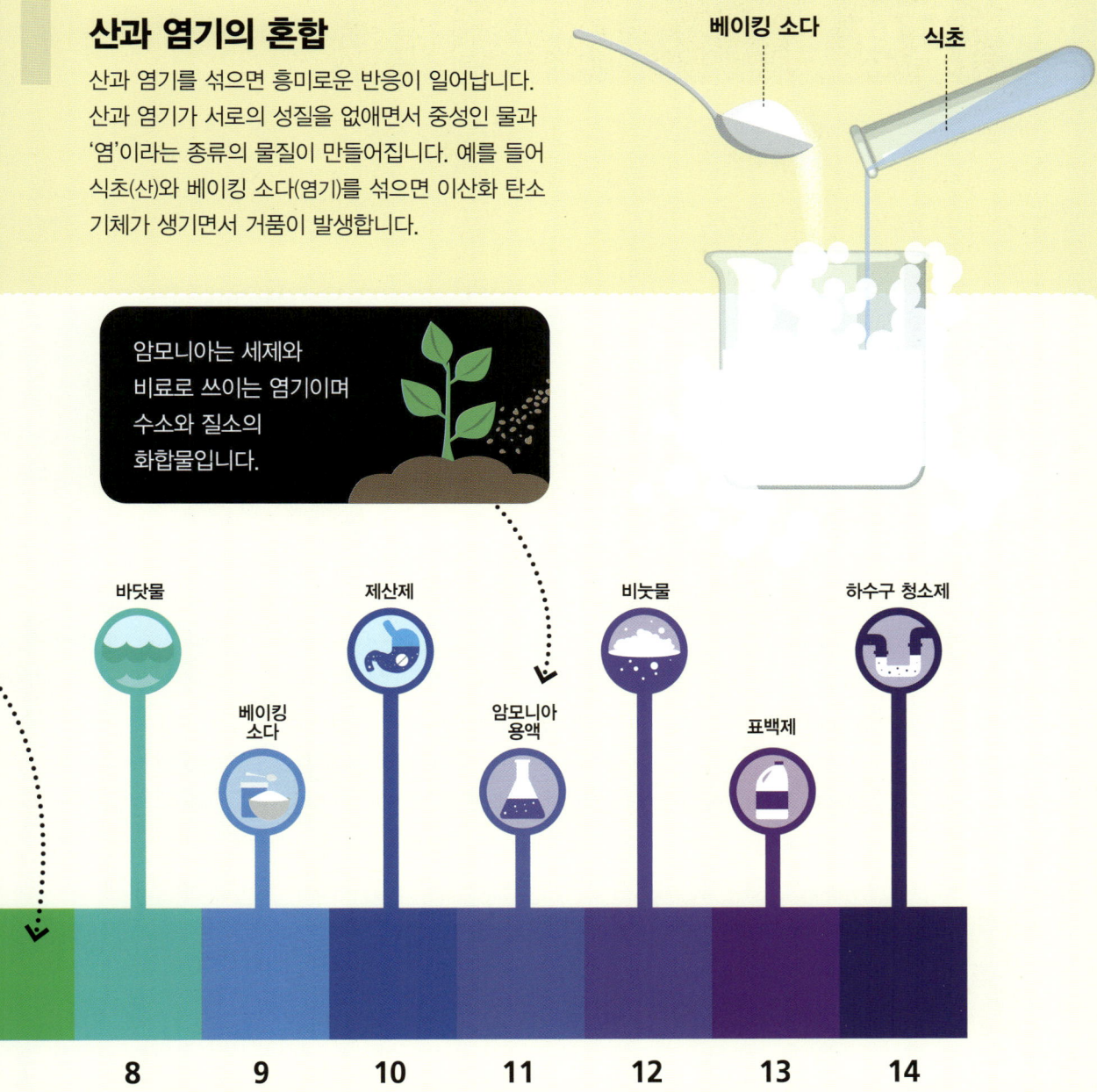

암모니아는 세제와 비료로 쓰이는 염기이며 수소와 질소의 화합물입니다.

염기

강한 염기에는 표백제와 하수구 청소제 등이 있고 이들의 pH 지수는 14에 가깝습니다. 우리는 속이 더부룩할 때 제산제를 먹기도 합니다. 제산제는 pH 지수가 10에 가까운 약한 염기입니다. 염기 가운데 물에 녹는 것을 알칼리라고 부릅니다.

금속

주기율표의 원소들 대부분은 금속인데, 약 90가지나 됩니다. 이런 금속들은 쓸모가 많아 일상생활에서도 많이 볼 수 있습니다. 광택이 있고 근사해 보이는 금속이 많지만 쉽게 찾아볼 수 없는 값비싼 것들도 있습니다.

주기율표
금속들은 주기율표의 왼쪽에 주로 모여 있습니다. 리튬이나 나트륨처럼 반응성이 강한 금속들이 있는 반면, 금이나 은과 같이 반응성이 약한 금속들도 있습니다.

금속의 성질
모든 금속은 다음과 같은 몇 가지 공통적인 성질이 있습니다.

광택이 있다.
자르거나 연마했을 때 빛이 납니다.

전도성
열과 전기가 잘 통합니다.

펴짐성
부러뜨리지 않고 구부리거나 펼쳐서 어떤 모양을 만들 수 있습니다.

대다수 금속의 또 다른 성질은 아래와 같습니다.

상온에서 고체 상태이다.

강하고 튼튼하다.

밀도가 높다.

두들기면 울리는 소리가 난다.

다른 금속들과 성질이 딴판인 금속은 수은입니다. 광택이 있고 실온에서 액체 상태이며 여느 액체처럼 자유롭게 흐르는 성질이 있습니다. 수은은 온도 변화에 따라 팽창과 수축을 하기 때문에 옛날에는 온도계를 만들 때 쓰였습니다. 하지만 독성이 너무 강하기 때문에 점차 쓰지 않게 되었습니다.

수은

귀금속
많은 사람들이 탐내는 매력적인 금속들이 있습니다. 금, 은, 백금 같은 금속들은 땅속에서 쉽게 찾을 수 없어 값비쌉니다. 이런 금속을 귀금속이라고 합니다.

백금 반지
은화와 금화
금 시계

비금속

주기율표에서 금속을 제외한 나머지 원소들을 비금속이라고 합니다. 금속과는 달리 대개 광택이 없고, 무르고, 가루 상태인 것이 많습니다. 그리고 열과 전기가 잘 통하지 않습니다.

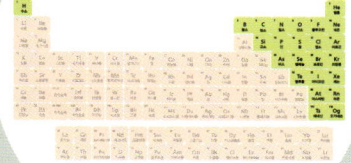

비금속 원소들

브로민을 제외한 대다수의 비금속은 상온에서 기체(예를 들어 산소)이거나, 고체(예를 들어 탄소)입니다. 브로민은 상온에서 액체입니다.

비금속의 성질

비금속은 몇 가지 공통적인 성질이 있습니다.

광택이 없다.   **열과 전기가 잘 통하지 않는다.**   **잘 깨지고 약하다.**

대다수 비금속들의 또 다른 성질은 아래와 같습니다.

밀도가 낮다.   **소리가 잘 울리지 않는다.**
비금속 고체들은 두드렸을 때 잘 울리지 않습니다.

탄소

비금속 고체인 탄소는 몇 가지의 다른 상태로 존재할 수 있습니다. 그중 하나가 흑연입니다. 흑연은 검고, 무르고, 불투명한 성질이 있으며 연필심으로 많이 씁니다. 탄소는 다이아몬드로도 존재할 수 있습니다. 다이아몬드는 엄청나게 단단하고 투명하며 장신구를 만드는 데 쓰이곤 합니다.

다이아몬드   흑연

비활성 기체

네온을 이용한 조명

헬륨을 채운 풍선

주기율표의 오른쪽 끝에 있는 원소들은 비활성 기체로 불립니다. 옛날 과학자들은 이런 기체가 다른 원소와 결합하지 못하는 것이 다른 원소보다 더 낮거나 귀하기 때문이라고 생각해서 '귀족 기체'라고 부르기도 했습니다. 헬륨, 네온, 아르곤, 크립톤, 제논, 라돈 등이 여기에 포함됩니다.

굳기(경도)

물질을 분류하는 방법 가운데 하나는 굳기, 즉 얼마나 단단한지를 따지는 것입니다. 이것을 경도라고도 하는데 다른 물질을 긁어 흠집이 생기는 것을 확인하는 방식으로 측정합니다.

모스 굳기계

지질학자들은 물질들이 얼마나 단단한지 알아보기 위해 모스 굳기계를 씁니다. 어떤 물질이 모스 굳기계의 열 가지 광물 중 몇 개에 흠집을 낼 수 있는지를 확인하는 식으로 굳기를 평가합니다.

- 10 다이아몬드
- 9 강옥
- 8 석재용 드릴 날
- 7 석영
- 6 칼
- 5 쇠못
- 4 형석
- 3 구리 동전
- 2 손톱
- 1 활석

모스 굳기

탄소 광물인 론스데일라이트는 다이아몬드보다도 58퍼센트 더 단단합니다. 하지만 이 광물은 찾아보기가 아주 힘듭니다. 흑연을 많이 포함한 유성이 지구와 충돌할 때만 생기기 때문입니다!

26

소성과 탄성

엄청나게 큰 힘을 주어도 모양이 변하지 않는 단단한 재료가 있는가 하면, 잘 구부러지고 비틀리는 재료도 있습니다. 이런 재료는 모양을 쉽게 바꾸기도 하고, 또 어떤 것은 모양이 바뀌었다가도 다시 원래의 모양으로 돌아가기도 합니다.

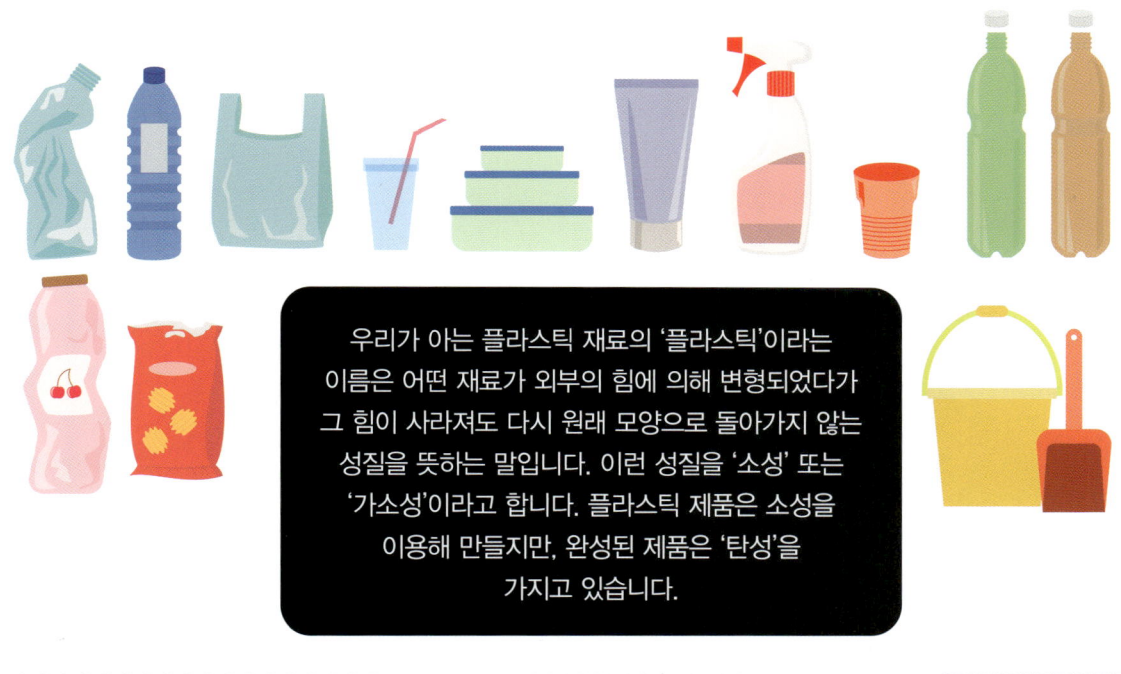

우리가 아는 플라스틱 재료의 '플라스틱'이라는 이름은 어떤 재료가 외부의 힘에 의해 변형되었다가 그 힘이 사라져도 다시 원래 모양으로 돌아가지 않는 성질을 뜻하는 말입니다. 이런 성질을 '소성' 또는 '가소성'이라고 합니다. 플라스틱 제품은 소성을 이용해 만들지만, 완성된 제품은 '탄성'을 가지고 있습니다.

늘임.

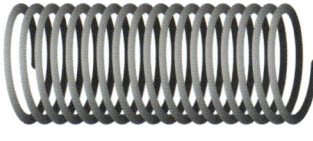
원래 상태

눌림.

탄성이란?
힘을 가하면 모양이 변했다가도 그 힘이 사라지면 다시 원래의 모양으로 돌아가는 성질을 탄성이라고 합니다.

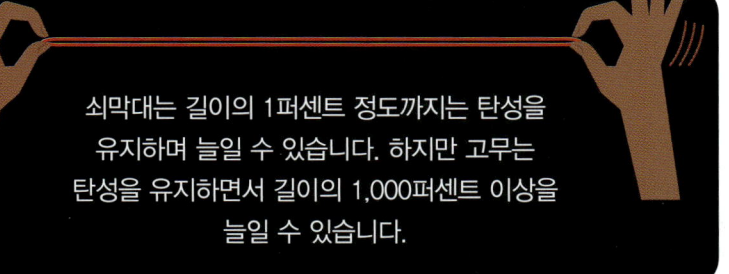

쇠막대는 길이의 1퍼센트 정도까지는 탄성을 유지하며 늘일 수 있습니다. 하지만 고무는 탄성을 유지하면서 길이의 1,000퍼센트 이상을 늘일 수 있습니다.

합성 재료

수천 년 동안 인류는 양털 같은 천연 재료로 옷을 만들어 왔습니다. 하지만 화학이 발전하면서 20세기에는 합성 섬유를 이용할 수 있게 되었습니다.

최초의 합성 섬유는 1935년에 처음 개발된 나일론입니다.

섬유 만들기

합성 섬유를 만들 때는 두 개 이상의 화학 물질을 섞어 끈끈한 덩어리를 만들고 이것을 작은 구멍으로 뽑아냅니다. 이때 나오는 긴 가닥들을 한데 꼬아 합성 실을 만들고 이 실을 엮으면 옷감이 됩니다.

플리스 재킷

보온 내의

수영복

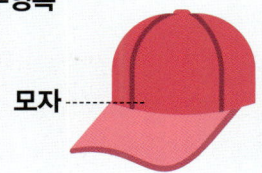
모자

운동화

튼튼함과 신축성

합성 섬유는 아주 튼튼하며 어떤 것은 신축성도 좋습니다. 그 때문에 운동복에 많이 쓰입니다. 신축성이 좋아 몸에 잘 달라붙는 옷은 자전거 선수가 공기를 가르며 달리거나 수영 선수가 물을 헤치고 나아가는 데에 유리하기 때문입니다.

방수성

방수 처리제를 입히면 천연 섬유는 옷감이 상하지만 합성 섬유는 옷감이 상하지 않습니다.

물이 옷감에 스며들지 못하기 때문에 몸이 비에 젖지 않습니다.

복합 재료

복합 재료는 두 가지 이상의 물질을 결합시켜 강하고 오래가는 새로운 물질로 만든 것입니다. 많은 기계와 탈것들이 최신 복합 재료로 만들어지지만, 사실 복합 재료의 역사는 수천 년이나 됩니다.

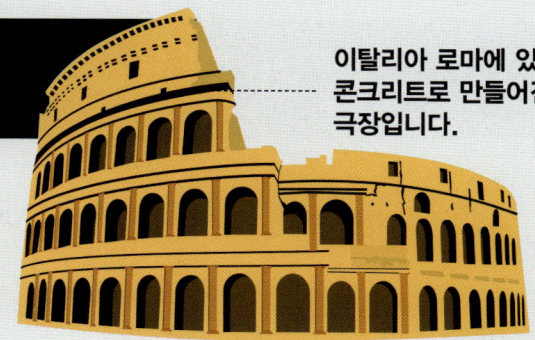

이탈리아 로마에 있는 콜로세움은 콘크리트로 만들어진 원형 극장입니다.

콘크리트

콘크리트는 가장 오래된 복합 재료 가운데 하나입니다. 콘크리트는 모래와 자갈에 물과 시멘트를 섞어 만듭니다. 고대 이집트 사람들은 간단한 형태의 콘크리트를 만들어 썼습니다. 로마인들은 콘크리트를 제대로 쓸 줄 알았고 로마에 거대한 콜로세움까지 건설했습니다. 콜로세움은 만들어진 지 2000년이 넘은 콘크리트 건물입니다.

외벽

나뭇가지를 그물처럼 엮은 뒤 진흙 반죽을 발라 만드는 벽을 '외벽'이라고 합니다. 외벽은 거의 1500년 전으로 거슬러 올라가는 복합 재료입니다.

나뭇가지들을 엮은 것이 '외'입니다.

진흙 반죽을 외에 바릅니다. 반죽은 마르면서 단단하게 굳습니다.

유리 섬유로 만든 테니스 라켓

유리 섬유와 탄소 섬유

현대에 등장한 이 섬유들은 유리나 탄소의 가느다란 가닥들을 플라스틱으로 싸서 만듭니다. 섬유 가닥들이 한 방향만을 향하면 이 재료는 그 방향으로 작용하는 힘에 탄력을 가집니다. 많은 섬유층들을 쌓으면 어떤 방향의 큰 힘에도 버틸 수 있는 강한 재료가 됩니다. 탄소 섬유와 유리 섬유는 가볍고 튼튼하기 때문에 경주용 요트와 테니스 라켓을 비롯한 스포츠 장비들을 만들기에 좋은 재료입니다.

경주용 자동차의 차체는 탄소 섬유로 만듭니다.

외벽의 '외'를 만드는 것과 비슷하게 탄소 섬유를 그물처럼 엮습니다.

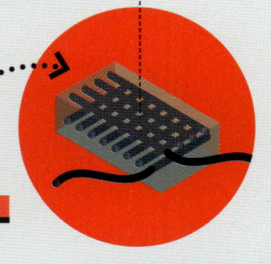

천연자원의 이용

태양과 지구는 우리가 마을과 도시를 건설하고 전 세계 78억 인구를 먹이는 데 필요한 에너지와 자원들을 공급해 왔습니다. 하지만 이 자원들은 무한하지 않습니다. 우리가 지금과 같은 속도로 천연자원들을 계속 쓴다면 어떤 자원들은 곧 사라질 것입니다.

농사

비옥하고 물이 풍부한 땅은 농작물과 가축의 성장에 꼭 필요합니다. 하지만 나쁜 농사 방법과 기후 변화로 토양이 나빠지면 농사를 지을 수 없게 될 수도 있습니다.

시장에서 고기 1킬로그램이 판매되기까지 1만 5천 리터 정도의 물이 필요합니다.

물

물은 우리의 생명을 지키고 우리가 먹는 동물과 식물들을 키우는 데 없어서는 안 될 자원입니다. 하지만 지구상의 물 가운데 마실 수 있는 물은 아주 적고, 우리가 안심하고 마실 수 있도록 처리하는 데에는 아주 많은 에너지가 필요합니다.

광물

우리가 일상생활에서 쓰는 물건 가운데는 땅에서 캔 광물로 만든 것이 많습니다. 건물을 지을 때 쓰는 벽돌과 자갈도 그렇고, 우리가 항상 가지고 다니는 휴대 전화 같은 전자 기기 안에 쓰이는 물질들도 그런 광물에 속합니다.

재생 에너지

지구에는 바닥나지 않는 에너지 자원이 많습니다. 바람, 파도 그리고 햇빛입니다. 과거에는 이런 것으로 전기를 생산하려면 비용이 많이 들었습니다. 하지만 기술이 발달하면서 비용은 줄어들었고 해로운 탄소 배출까지 줄일 수 있게 되었습니다.

재활용

물건과 재료들을 재활용하면 천연자원이 바닥나는 것을 늦출 수 있습니다. 그리고 오염 물질이 환경을 망가뜨리는 것도 막을 수 있습니다.

음식물 쓰레기   **플라스틱**   **종이**   **유리**

에너지는 무엇일까요?

물질이 움직이고, 빛나고, 따뜻해지고, 변하는 현상의 뒤에는 항상 에너지가 작용하고 있습니다.

에너지의 저장 형태
에너지는 다양한 형태로 저장될 수 있습니다.

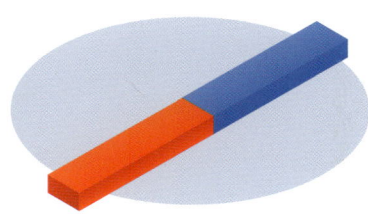

자기 에너지
자석의 서로 당기는 두 극을 떼어 놓거나, 서로 밀어내는 두 극을 한데 모을 때 자기 에너지가 저장됩니다.

화학 에너지
분자 안에서 원자들을 한데 묶고 있는 에너지입니다.

내부 에너지(열에너지)
물질 내부의 전체 에너지이며, 대개 알갱이들의 진동에 의해 발생합니다. 차가운 물체에서는 알갱이들이 느리게 진동하지만, 뜨거운 물체에서는 알갱이들이 빠르게 진동합니다.

운동 에너지
움직이는 물체에 저장됩니다.

핵에너지
원자핵에 저장된 에너지입니다.

정전기 에너지
서로 끌어당기는 두 전기를 떼어 놓거나, 서로 밀어내는 두 전기를 한데 끌어당길 때 저장되는 에너지입니다.

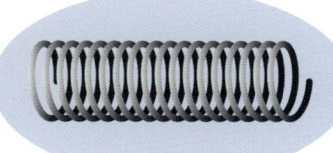

탄성 위치 에너지
탄성을 가진 물체를 당기거나 눌러서 변형이 일어날 때 저장되는 에너지입니다.

중력 위치 에너지
물체가 들어 올려질 때 저장되는 에너지입니다.

열

모든 물체와 물질은 그 안에서 알갱이들이 진동하거나(고체) 돌아다니고(액체나 기체) 있습니다. 이것이 열에너지입니다. 시원한 음료수에 든 얼음이건 엄청나게 뜨거운 별 속이건, 알갱이들의 진동이 클수록 열에너지도 커집니다.

열의 측정

어떤 물체를 이루고 있는 알갱이들이 얼마나 빠르게 진동하는지, 알갱이들의 운동 에너지가 어느 정도나 되는지를 나타낸 것이 온도입니다. 온도는 섭씨온도(°C)로 측정합니다. 이것은 물체를 이루는 모든 알갱이들의 평균적인 운동 에너지입니다.

어마어마한 열

절대 영도보다 높은 온도에서 알갱이들의 움직임은 여러 가지로 다르게 나타날 수 있으며 알갱이들의 구조와 온도에 따라 상태가 달라집니다. 아주 높은 온도에서 원자들은 원자 속 알갱이들로 완전히 분해됩니다. 이제껏 측정된 가장 높은 온도는 4조(4 뒤에 0이 무려 12개!)도입니다. 이 온도는 미국 뉴욕 브룩헤이븐 국립 연구소의 입자 가속기에서 기록되었습니다.

절대 영도는 더 이상 낮을 수 없는 가장 낮은 온도입니다. 이 온도에서는 물질을 구성하는 모든 알갱이들이 움직임을 멈추게 되며, 이것은 열에너지가 전혀 없다는 뜻입니다. 섭씨온도로는 영하 **273.15도**입니다.

열의 전달

열은 전도, 대류, 복사 세 가지 방법을 통해 이동합니다.

전도

한 알갱이가 다른 알갱이와 접촉할 때 열에너지가 이동합니다. 냄비의 열이 손잡이로 전해지듯, 열에너지는 뜨거운 곳에서 찬 곳으로 이동합니다.

대류

기체와 액체를 아울러 유체라고 부릅니다. 대류는 유체에서 일어나는 현상입니다. 유체가 한쪽에서 가열되면 주변의 유체보다 밀도가 낮아져 위로 상승하게 됩니다. 상승하는 유체는 다시 식으면서 흩어지다가 마침내 가라앉고, 다시 가열되어 상승하는 식으로 열이 순환하게 됩니다.

복사

복사는 전도, 대류와는 달리 열을 전달하는 데 물질이 필요하지 않습니다. 태양으로부터 나온 에너지는 복사에 의해 빛의 속도로 우주의 진공 공간을 통과합니다.

핵에너지

원자는 크기가 작지만 그 안에 엄청난 양의 에너지를 가지고 있습니다. 이 에너지가 우리의 가정에 전기를 공급하기도 하고 빛나는 별의 에너지원이 되기도 합니다.

핵붕괴

어떤 원자들은 불안정한 상태에 있기 때문에 시간이 지나면서 쪼개집니다(붕괴). 원자가 쪼개질 때는 작은 원자 조각(알파 알갱이), 전자(베타 알갱이), 또는 에너지 파동(감마선)의 형태로 방사능을 방출합니다.

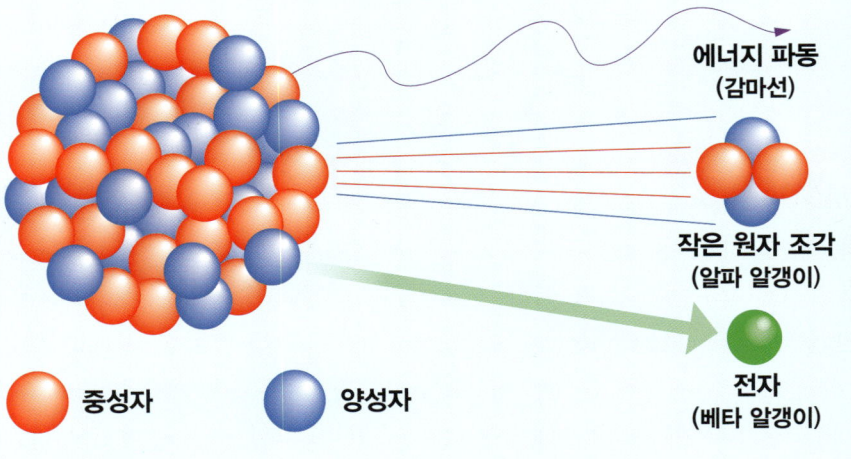

- 에너지 파동 (감마선)
- 작은 원자 조각 (알파 알갱이)
- 전자 (베타 알갱이)
- 중성자
- 양성자

핵분열

분열

원자핵은 아주 큰 에너지로 한데 묶여 있습니다. 이런 핵이 쪼개지는 핵분열이 일어나면 그 에너지가 방출됩니다. 작은 중성자들이 우라늄 같은 큰 원자의 핵과 충돌하면 원자가 쪼개지면서 에너지와 함께 더 많은 중성자가 방출됩니다. 그리고 이 중성자들에 의해 이런 과정이 계속 되풀이됩니다.

핵융합

융합

태양의 중심부에서는 원자핵들이 엄청난 압력과 온도에 눌려 더 큰 원자핵으로 합쳐지고 있습니다. 이를 핵융합이라고 하며, 우리가 빛과 열로 느끼게 되는 어마어마한 양의 에너지가 이때 방출됩니다.

원자력 발전소

원자력 발전소는 핵분열로 방출되는 에너지로 물을 데워 수증기를 만들고 이 수증기로 발전기를 돌려 전기를 생산합니다.

파동 만들기

에너지는 한곳에서 다른 곳까지 파동의 형태로 이동합니다. 연못에서 물결이 퍼져 나가거나 빛이 우주를 이동하는 것이 그 예입니다.

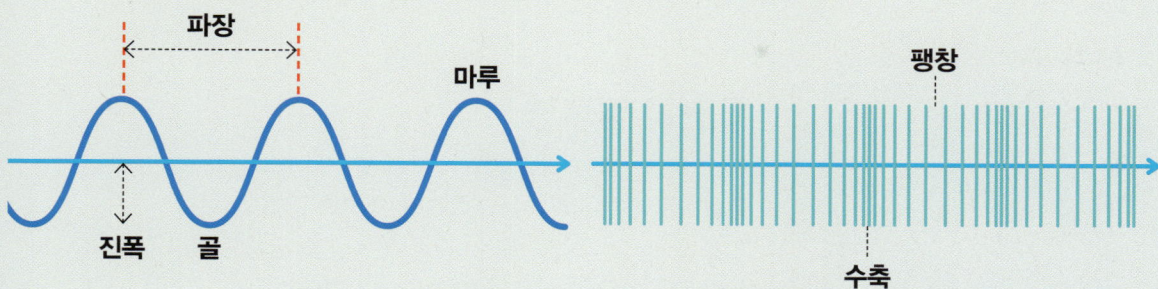

횡파
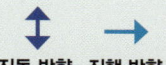

에너지가 전달되는 방향과 직각으로 진동하는 파동입니다. 횡파는 마루와 골을 만들면서 이동합니다.

종파
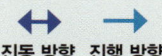

종파는 에너지가 향하는 방향과 나란하게 진동하는 파동입니다. 횡파에 마루와 골이 있다면, 종파에는 눌리는(수축) 구간과 펴지는(팽창) 구간이 있습니다.

지진파

지진은 지각(땅껍질)의 갑작스러운 운동으로 일어납니다. 지진과 함께 방출되는 에너지는 횡파와 종파의 형태 모두로 전달됩니다.

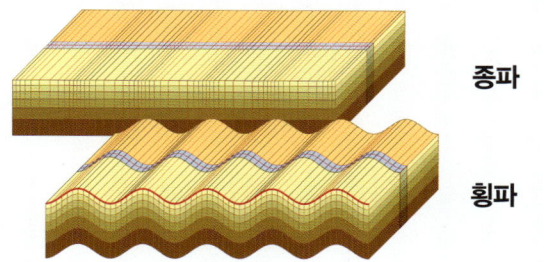

물결 파동

연못에 돌을 던지거나 수면에 바람이 불 때 방출되는 에너지는 밖으로 흩어져 나가는 파동을 만들어 냅니다. 물은 파동을 따라 함께 이동하지는 않습니다. 하지만 원을 그리듯이 움직이면서 에너지의 파동을 만들어 냅니다.

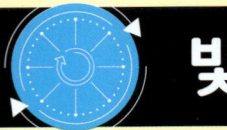

빛

우리 주변을 둘러보면 빛의 작용을 확인할 수 있습니다. 우리가 밝게 빛나는 물체와 어둠을 구별하고 수많은 색깔을 볼 수 있는 것은 빛 때문입니다.

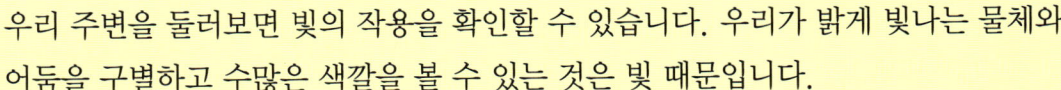

투명과 불투명

어떤 재료는 빛을 그냥 통과시킵니다. 이런 재료를 투명하다고 말합니다. 한편 어떤 물질들은 빛을 통과시키지 않고 흡수하거나 반사시킵니다. 이런 것을 불투명하다고 말합니다. 빛의 일부만 통과시키는 것은 반투명하다고 합니다.

그림자의 안쪽

불투명한 물체가 빛을 가리면 그림자가 생깁니다. 그림자의 가운데 쪽에는 본그림자라고 하는 가장 어두운 부분이 있고, 본그림자의 바깥쪽에는 그보다 밝은 반그림자가 있습니다.

본그림자는 빛이 전혀 닿지 못해 가장 어둡습니다.

반그림자는 빛이 일부 닿아 조금 더 밝습니다.

광원

빛을 내는 물체를 광원이라 부릅니다. 광원이 빛을 내는 방식에는 여러 가지가 있습니다. 전구는 전기를 이용해 빛을 내지만 양초는 파라핀을 태워 빛을 냅니다. 햇빛은 핵반응으로 만들어지지만 반딧불이를 비롯해 어떤 동물들은 몸 안의 화학 물질을 섞어 빛을 만듭니다.

빗방울

무지개의 색깔

햇빛

빛은 파동의 형태로 나아갑니다. 빛의 파동들은 저마다 다른 진동수와 파장을 가지며 그에 따라 온갖 색깔들이 나타납니다. 햇빛이 빗방울을 통과할 때 서로 다른 파장을 갖는 빛들로 나뉘면서 생기는 것이 무지개입니다.

빛을 감지하는 원리

빛은 우리의 눈으로 감지합니다. 빛줄기는 눈을 가로질러 눈 뒤쪽의 망막에 닿습니다. 망막은 특수한 세포들로 덮여 있는데, 이 세포들은 빛이 닿으면 우리의 뇌에 신호를 보냅니다. 우리의 뇌는 이 신호들을 해석해 주변 세상의 모습을 표현해 냅니다. 망막에 맺힌 이미지는 위아래가 반대로 되어 있습니다. 하지만 다행히도 우리 뇌는 이것을 원래대로 되돌릴 수 있습니다.

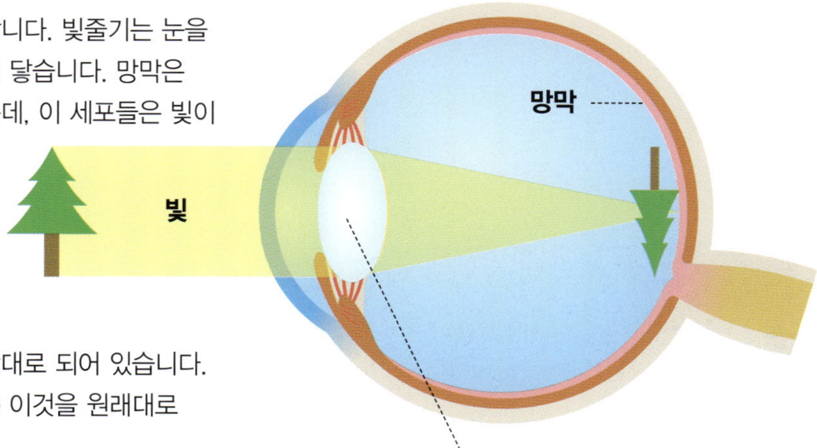

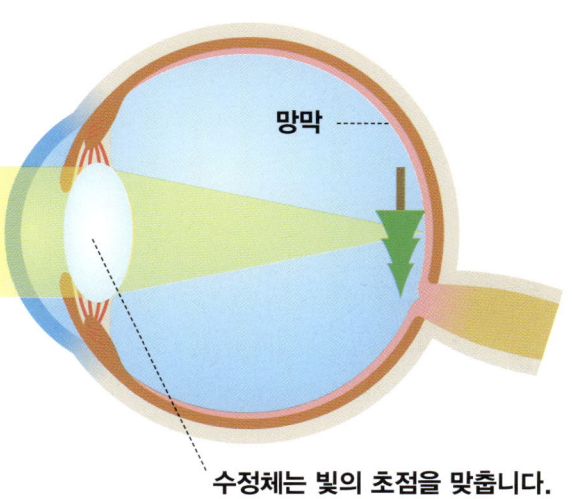

망막

빛

수정체는 빛의 초점을 맞춥니다.

**빛은 1초에 무려 3억 미터를 나아갑니다.
태양에서 지구까지** 1억 5천만 킬로미터 거리를 겨우 **8분 남짓한 시간**에 달리는 빠르기입니다.

반사와 굴절

빛은 곧게 나아가지만 도중에 어떤 물체를 만나 진로가 바뀔 수 있습니다. 물체는 빛을 다른 방향으로 튕겨 나가게 할 수도 있고, 빛을 통과시키면서 진로를 구부려 변형된 이미지를 만들 수도 있습니다.

반사

거울이나 금속 같은 반짝거리는 표면은 빛을 튕겨 나가게 하며 이를 반사라고 합니다. 거울에 와 닿는 빛줄기를 입사광이라 하고 튕겨 나가는 빛줄기를 반사광이라고 합니다. 입사광이 거울과 이루는 각도를 입사각이라고 하며 반사광이 거울과 이루는 각도를 반사각이라고 합니다. 입사각과 반사각은 서로 같은 값을 가집니다.

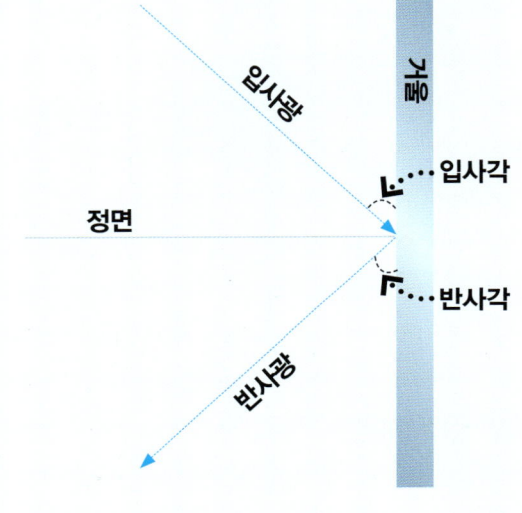

거울 속의 이미지

거울에서 반사된 빛은 물체가 거울 뒤쪽에 있는 것처럼 보이는 가상 이미지를 만듭니다. 평평한 거울에서 거울 뒤쪽에 보이는 물체와 거울 사이의 거리는 실제 물체와 거울 사이의 거리와 같습니다.

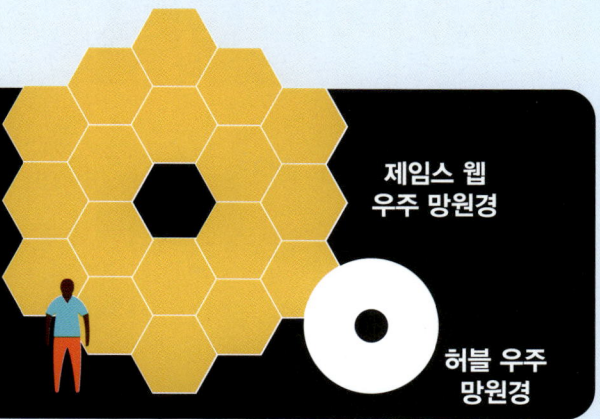

제임스 웹 우주 망원경은 18개의 육각형으로 이루어진 반사경을 가지고 있고, 이 육각형들을 저마다 따로 조절해 선명한 이미지를 얻습니다. 육각형들을 다 합치면 지름이 6.5미터에 이릅니다. 허블 우주 망원경의 주 반사경이 지름 2.4미터이니 얼마나 큰 것인지 알 수 있습니다.

제임스 웹 우주 망원경

허블 우주 망원경

구부러지는 빛

광선은 공기를 지나 유리를 통과할 때처럼 한 물질에서 다른 물질로 이동하는 순간에 꺾일 수 있습니다. 이를 굴절이라고 합니다. 물이 든 컵 안에 연필 한 자루를 세워 두면 이것을 확인할 수 있습니다. 광선이 물을 통과하고 유리를 지나 다시 공기를 거쳐 우리 눈에 도달하기 때문에 연필은 구부러진 것처럼 보이게 됩니다.

이미지 확대

유리를 볼록하게 또는 오목하게 만들면 광선을 굴절시켜 이미지를 확대하거나 초점을 더 선명하게 맞출 수 있습니다. 예를 들어 볼록 렌즈는 빛을 한데 모아 줍니다. 이런 렌즈는 돋보기와 쌍안경에서 볼 수 있습니다. 반대로, 오목 렌즈는 빛을 퍼지게 하며 안경에 많이 쓰입니다.

오목 렌즈

볼록 렌즈

중력 렌즈 효과

블랙홀은 그 뒤에 있는 천체에서 오는 빛을 구부릴 정도로 강한 중력을 가지고 있습니다. 이렇게 빛이 구부러지는 것을 중력 렌즈 효과라고 합니다. 멀리 있는 천체의 모습이 이 때문에 변형되거나 여러 개로 겹쳐 보이게 됩니다.

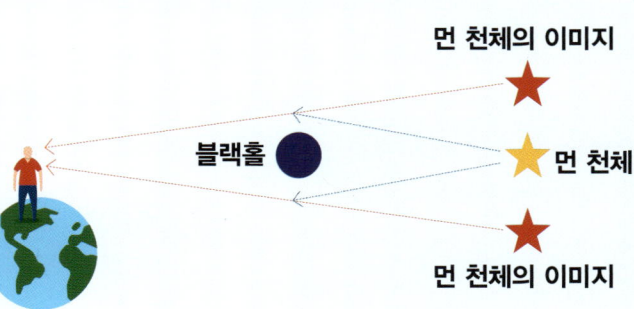

먼 천체의 이미지

블랙홀

먼 천체

먼 천체의 이미지

41

전자기 스펙트럼

사람의 눈으로 볼 수 있는 빛인 가시광선은 전자기 스펙트럼이라고 불리는 일련의 전자기 에너지 파동들 가운데서 아주 작은 부분을 차지합니다. 전자기 에너지 파동들은 대부분 우리가 볼 수 없지만, 우리 삶의 다양한 부분에서 이용되고 있습니다.

스펙트럼의 끝과 끝

전자기 스펙트럼에는 파장이 긴 전파에서부터 파장이 아주 짧은 감마선에 이르기까지 다양한 길이의 파장을 갖는 전자기파들이 있습니다.

전파 망원경

FM 라디오와 TV

휴대 전화 기지국 안테나

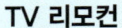
TV 리모컨

전파
전파는 짧게는 몇 밀리미터, 길게는 수천 킬로미터의 파장을 가질 수 있습니다. 천문학자들은 먼 천체에서 날아오는 전파들을 전파 망원경으로 찾아내며, 우리는 전파를 이용해 세계 곳곳으로 신호를 보내고 있습니다.

마이크로파
우리는 마이크로파를 이용해 음식을 가열하기도 하고 휴대 전화의 신호를 가까운 기지국 안테나로 보내기도 합니다.

적외선
따뜻한 물체는 적외선을 내보냅니다. TV 리모컨도 적외선을 이용합니다.

전파 · 마이크로파 · 적외선

전자기 스펙트럼의 이쪽 끝에 있는 파동들은 파장이 아주 깁니다. 파장이 무려 **10만 킬로미터**에 이르기도 합니다.

가시광선
전자기 스펙트럼 가운데 사람이 볼 수 있는 부분입니다.

한번 해 볼까?

눈에 보이지 않는 적외선을 볼 수 있게 해 주는 휴대 전화 카메라가 많습니다. 휴대 전화의 카메라 화면으로 TV 리모컨을 보면 리모컨 단추를 누를 때 적외선 빛이 깜빡거리는 것을 볼 수 있습니다.

자외선

태양에서는 자외선이 나옵니다. 자외선은 피부 세포를 상하게 할 수 있습니다. 이를 막기 위해서는 피부를 가리거나 자외선 차단제를 발라야 합니다.

엑스선

엑스선은 몸의 연한 부분을 통과할 수 있지만 뼈와 이 같은 단단한 부분에서는 반사되거나 흡수됩니다. 엑스선은 몸속 사진을 찍어 뼈 부러짐 같은 문제를 찾아내는 데 쓰입니다.

감마선

전자기 스펙트럼에서 가장 높은 수준의 에너지에 해당되는 감마선은 펄서*나 블랙홀과 같이 온도가 아주 높고 활동성이 큰 천체에서 나옵니다.

자외선 · 엑스선 · 감마선

전자기 스펙트럼에서 이쪽에 있는 파동들은 파장이 **1조 분의 1미터** (1피코미터)밖에 안 될 정도로 짧습니다.

*펄서: 강한 자기장을 가지고 고속 회전을 하며 주기적으로 전파나 엑스선을 방출하는 천체.

소리

라디오에서 흘러나오는 음악, 버스의 덜컹거림 같은 소리는 고체, 액체, 기체를 통과해 우리 귀로 전달되는 횡파입니다. 귀에 도달한 소리는 뇌에 전달될 수 있는 신호로 바뀝니다.

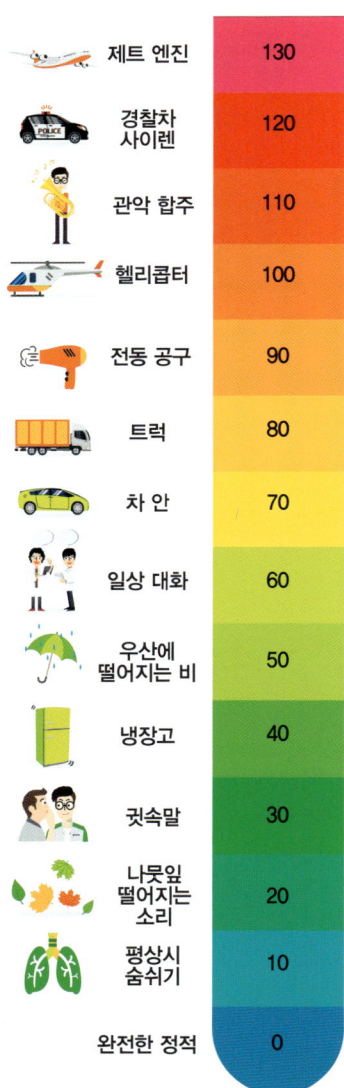

데시벨 비교표

제트 엔진	130
경찰차 사이렌	120
관악 합주	110
헬리콥터	100
전동 공구	90
트럭	80
차 안	70
일상 대화	60
우산에 떨어지는 비	50
냉장고	40
귓속말	30
나뭇잎 떨어지는 소리	20
평상시 숨쉬기	10
완전한 정적	0

음량

음량은 소리가 얼마나 크거나 작은지를 말하며 이것은 파동의 진폭에 의해 정해집니다. 파동 그림에서 마루의 높이(또는 골의 깊이)가 음량에 해당됩니다. 마루가 높을수록 소리는 더 큽니다.

음량의 표시

음량은 데시벨(dB)이라는 단위를 써서 나타냅니다.

1883년에 인도네시아에서 일어난 크라카타우 화산 폭발의 소음은 역사상 기록된 가장 큰 소리였습니다. 폭발 소리가 4,500킬로미터 떨어진 인도양까지 들릴 정도였습니다.

더블 베이스는 저음을 냅니다.

바이올린은 고음이 특징입니다.

음높이

음높이는 소리가 얼마나 높은 소리인지 낮은 소리인지를 말합니다. 음높이는 소리가 1초에 몇 번이나 떨리는지를 뜻하는 '진동수'가 결정합니다. 진동수가 큰 소리는 고음, 작은 소리는 저음이 됩니다. 진동수는 헤르츠(Hz)라는 단위를 써서 나타냅니다.

소리의 빠르기

소리는 분자들의 진동 에너지가 다른 분자들에게 전달되는 원리로 퍼져 나갑니다. 소리는 진공을 통과할 수 없지만 고체에서는 더 빨라지고 기체에서는 느려집니다.

소리의 빠르기는 바다의 수면 높이에서는 **초속 343미터**이지만, 물속에서는 **초속 1,481미터**, 다이아몬드에서는 **초속 12,000미터**입니다.

소리로 본다

어떤 동물은 소리로 주변 물체들을 알아냅니다. 돌고래와 박쥐는 사람이 들을 수 없는 소리인 초음파를 몸에서 냅니다. 초음파는 먹이에 부딪친 후 메아리로 돌아옵니다. 돌고래와 박쥐는 이 메아리를 듣고 먹이가 어디에 있고 어느 쪽으로 얼마나 빠르게 움직이는지 알아냅니다.

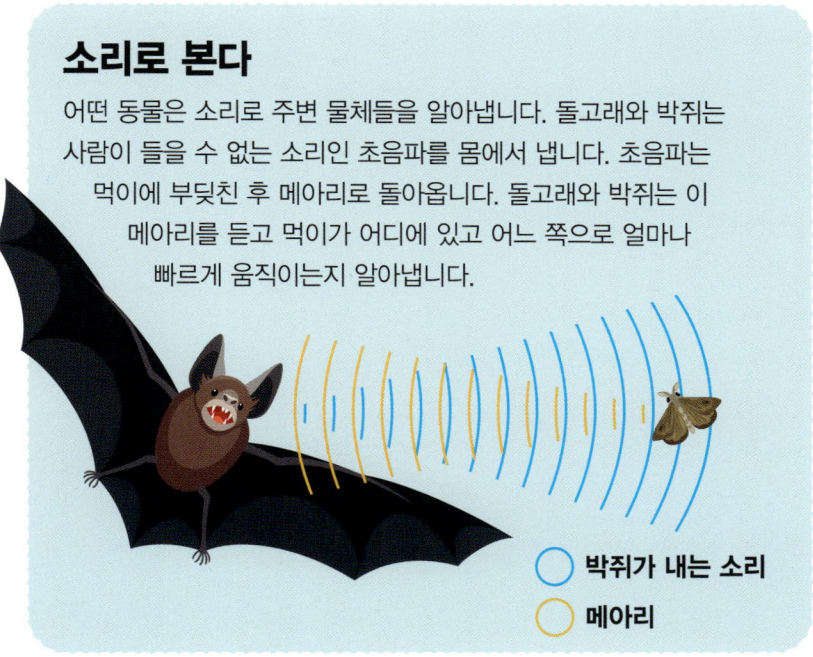

○ 박쥐가 내는 소리
○ 메아리

음색

음색은 어떤 소리를 다른 소리와 구별하게 해 주는 특징입니다. 종소리가 바이올린 소리와 다른 것이 음색의 차이이며, 그런 차이 때문에 고양이의 울음 소리는 기차 소리와는 아주 다르게 들리는 것입니다.

귀로 들을 수 있는 소리의 범위

인간은 낮은 소리에서 높은 소리까지 넓은 범위의 소리를 들을 수 있습니다. 하지만 어떤 동물들은 들을 수 있는 범위가 사람보다 훨씬 더 넓습니다. 그래서 인간이 들을 수 있는 것보다 훨씬 더 낮거나 훨씬 더 높은 소리까지 들을 수 있습니다.

범위(단위 Hz)

- 인간 64 ~ 23,000
- 개 67 ~ 45,000
- 코끼리 16 ~ 12,000
- 돌고래 75 ~ 150,000
- 박쥐 2,000 ~ 110,000

전기

번개가 치는 것과 전구가 빛을 내는 것은 모두 전기의 작용입니다. 강한 번개가 큰 피해를 줄 수도 있지만, 과학자들은 전기를 빛으로 바꾸고, 집을 따뜻하게 하고, 기계와 탈것들의 동력으로 쓰는 법을 알아냈습니다.

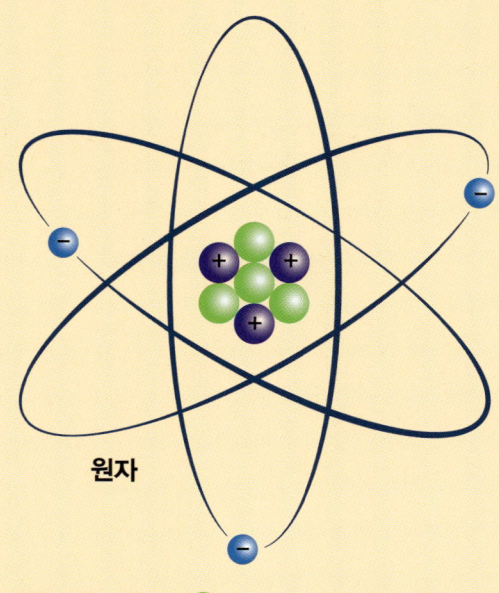

원자

전기는 무엇일까요?

모든 것은 원자에서 비롯됩니다. 원자는 양전하(양성자)와 음전하(전자)를 가지고 있습니다. 전하(대개는 전자)들이 이동하거나 한데 모이는 것이 바로 전기입니다.

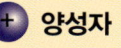 양성자　 중성자　 전자

번개

정전기와 번개

정전기는 전하가 한곳에 모여서 생깁니다. 비구름 속의 얼음 알갱이들이 움직여 서로 마찰될 때 전하가 모입니다. 이 전하가 충분히 많아지면 번개가 치게 됩니다.

번개 하나의 에너지는 **50억 줄(J)**에 이르기도 합니다. 한 가정에서 한 달 동안 쓸 수 있는 전기와 맞먹는 양입니다.

한번 해 볼까?

여러분의 점퍼를 풍선으로 문질러 풍선에 정전기를 만들어 봅시다. 풍선을 여러분의 머리카락에 대면 풍선의 전하들이 자신과 반대되는 성질의 전하를 머리카락에 모이게 해 머리카락이 서게 됩니다.

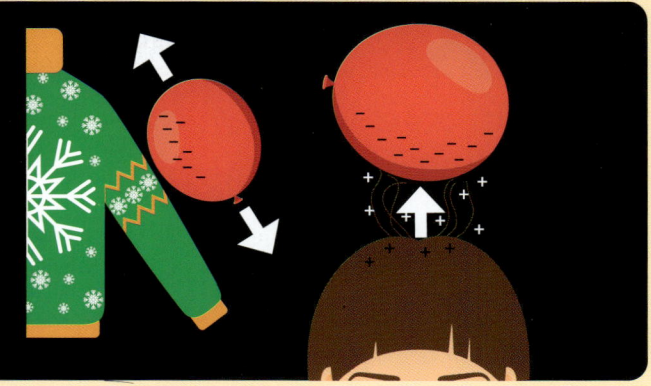

도체와 절연체

금속과 같은 재료들은 전기가 잘 통합니다. 이런 재료를 도체라고 하며 전기 제품과 장비의 부품에 쓰입니다. 반대로, 플라스틱을 비롯한 다른 재료들은 전기가 흐르지 않습니다. 이런 것을 절연체라고 합니다. 절연체는 전선의 껍질로 쓰이곤 합니다.

전기가 흐르는 방식

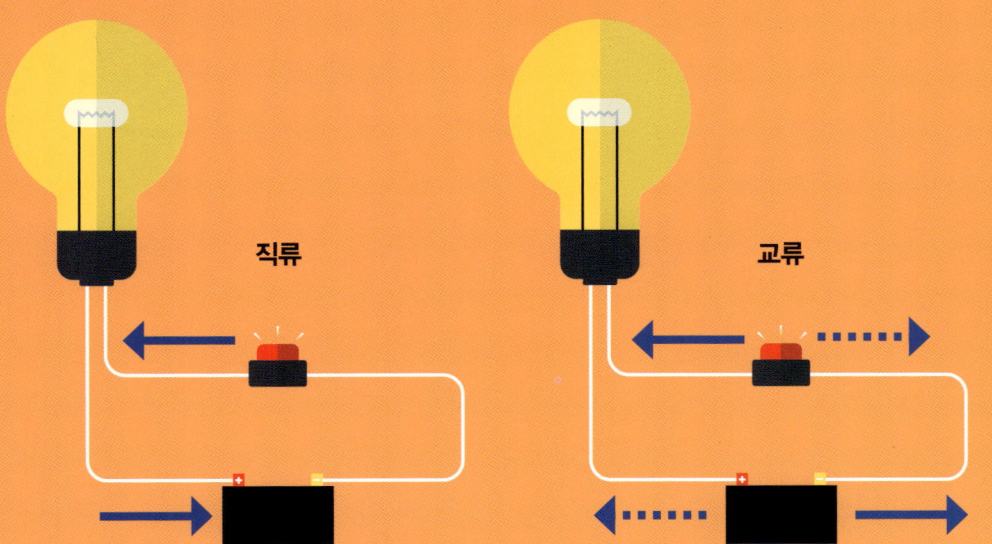

정전기가 아닌 흐르는 전기를 동전기라 합니다. 동전기는 전자들의 이동을 필요로 합니다. 동전기가 흐르려면 도체로 된 끊기지 않은 고리, 즉 회로가 필요합니다. 전기는 회로를 따라서 두 가지 방식으로 흐를 수 있습니다. 계속 한 방향으로만 흐르는 것은 직류라고 하며, 흐르는 방향이 빠르게 계속 바뀌면서 흐르는 것은 교류라고 합니다.

전기 만들기

전기는 가정과 공장의 도구와 기계들을 작용시키는 편리한 수단입니다. 전기는 다양한 에너지원을 이용해 발전소에서 만들어집니다.

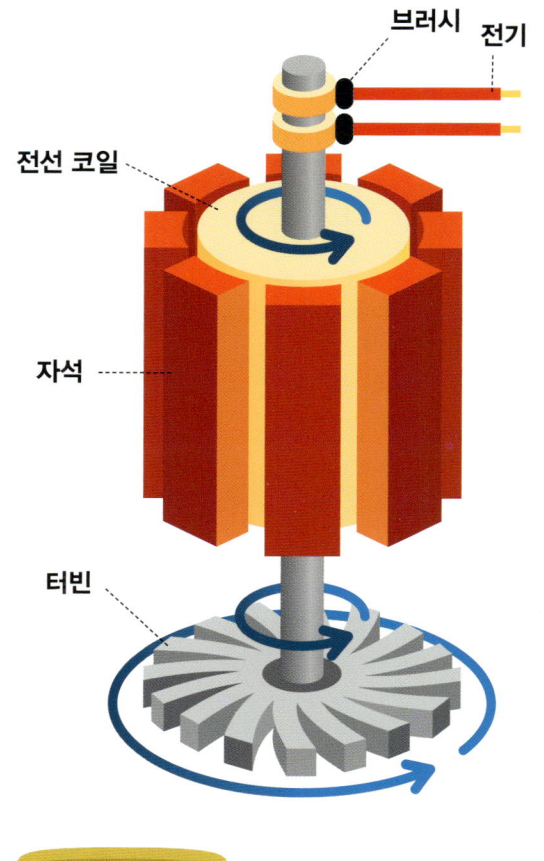

발전기

전기는 대개 발전기라는 큰 기계로 만듭니다. 전선을 감은 커다란 코일이 자기장 속에서 회전하면 그 회전에 의해 전류가 발생합니다. 선풍기 날개처럼 생긴 터빈이라는 기계에 공기, 수증기, 물 같은 것을 밀어 보내면 코일을 계속 회전시킬 수 있습니다.

석탄

석유

가스

화석 연료

석탄, 석유, 가스 같은 화석 연료를 태우면 많은 양의 열에너지가 나옵니다. 이 열로 물을 끓여 수증기를 만들고 그 수증기로 터빈을 돌릴 수 있습니다. 화석 연료는 태울 때 많은 양의 이산화 탄소가 나오기 때문에 기후 변화의 원인이 되기도 합니다.

태양 발전

햇빛을 이용해 두 가지 방식으로 전기를 만들 수 있습니다. 광전 소자를 쓰는 방식은 햇빛을 곧바로 전기로 바꿉니다. 집광형 태양열 발전은 렌즈나 거울로 햇빛을 초점에 모아 그 열로 물이나 다른 액체들을 데워서 터빈을 돌립니다.

지구가 1시간 동안 받는 태양 에너지는 인류가 1년 내내 쓰는 에너지보다도 많습니다.

풍력 발전

날개 길이가 50미터도 넘는 대형 터빈이 바람의 힘으로 돌아가며 전기를 만듭니다. 이런 큰 풍력 터빈은 대체로 바다에 설치됩니다.

원자력 발전

원자로의 중심부인 노심에서 핵분열이 일어날 때 발생하는 열이 물을 수증기로 바꾸어 터빈을 돌리면서 전기가 만들어집니다.

수력 전기

수력 발전은 물의 흐름을 이용해 전기를 만듭니다. 댐에서 내보내는 물이나 강물의 흐름을 이용해 터빈을 돌리거나, 바다에서 매일 밀물과 썰물이 바뀌는 움직임을 이용하기도 합니다.

전기의 저장

전지(배터리)는 전기를 저장했다가 나중에 쓸 수 있게 해 줍니다. 화학 물질에 에너지를 저장해서 화학 물질들이 서로 반응할 때 전기가 되어 나오도록 한 것입니다.

세계에서 가장 큰 전지 가운데 하나가 미국 캘리포니아주에 있습니다. '게이트웨이 에너지 저장 프로젝트'입니다. 이 시설은 15만 가구가 1시간 동안 쓸 수 있는 250메가와트의 에너지를 저장할 수 있습니다.

에너지 자원

78억 명이 넘는 사람이 사는 우리 지구는 어마어마한 에너지가 필요하기 때문에 전기 생산이 중요한 문제입니다. 하지만 전기를 생산하면서 오염 물질로 환경에 피해를 주는 일은 줄여야 합니다.

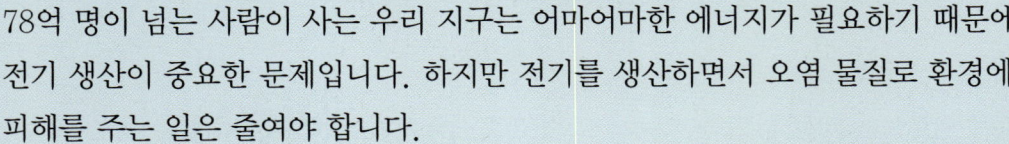

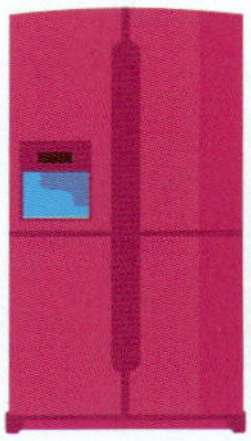

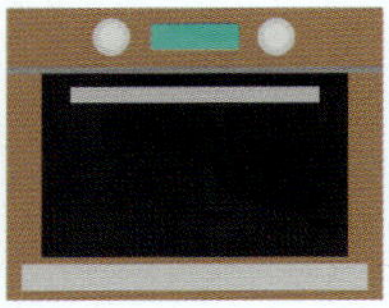

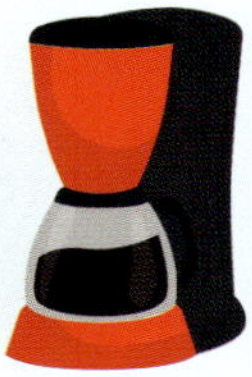

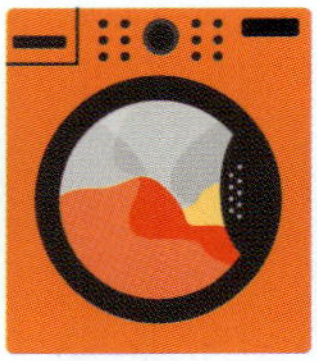

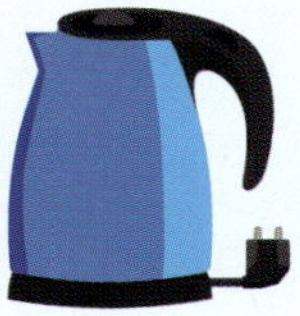

늘어나는 에너지 수요

지난 100년 동안 에너지 소비량은 크게 치솟았습니다. 세계 인구가 증가하면서 우리가 쓰는 도구와 기계가 많아졌고, 이에 따라 전기 수요도 늘었기 때문입니다.

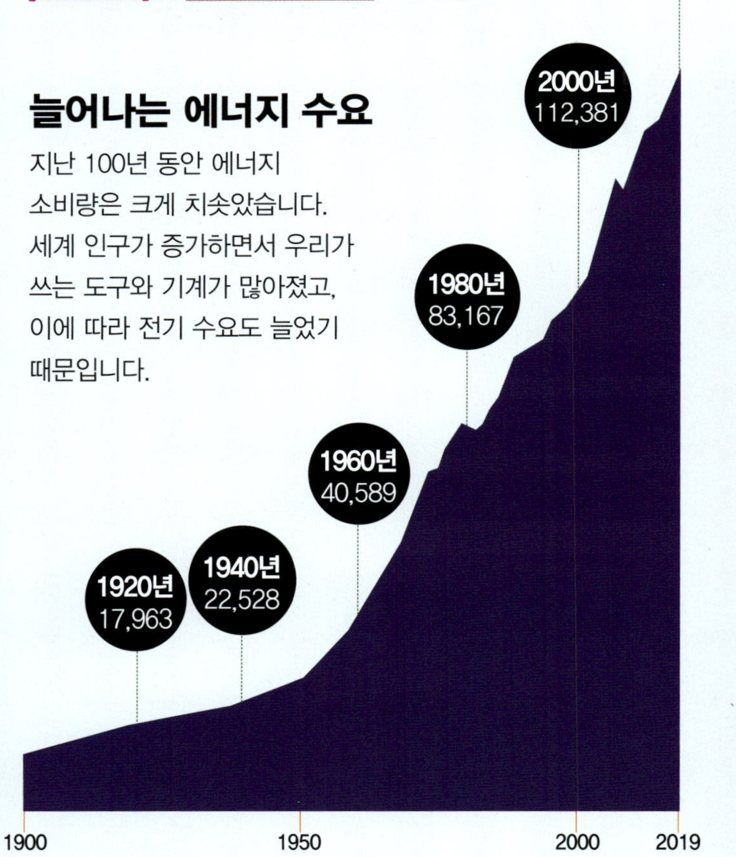

- 1920년 17,963
- 1940년 22,528
- 1960년 40,589
- 1980년 83,167
- 2000년 112,381
- 2019년 158,839

세계 에너지 소비량(단위: 테라와트시(TWh))

캐나다 국민들은 세계에서 전기를 가장 많이 소비하는 편에 속합니다. 국민 한 사람이 1년에 **105,540킬로와트시** (kWh)를 쓰고 있습니다.

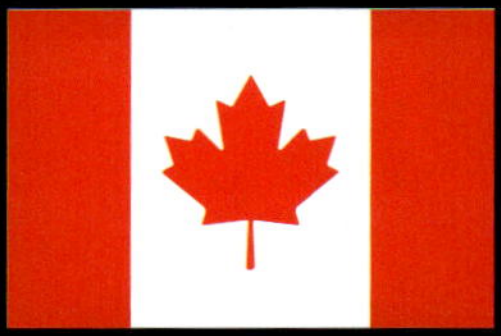

반대로, 콩고 민주 공화국 국민 한 사람이 1년에 사용하는 전기량은 489킬로와트시입니다.

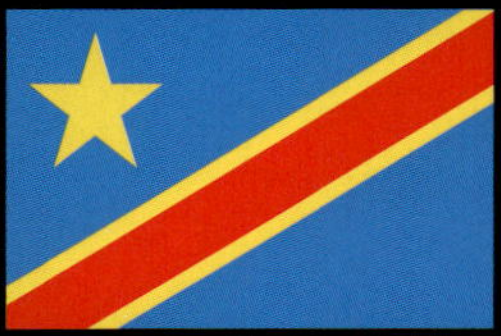

땅속에 매장되어 있는 석유는 앞으로 **50년** 정도밖에 쓸 수 없는 양이라고 합니다.

주요 에너지원

현재는 화석 연료가 전 세계 에너지 수요의 80퍼센트를 감당하고 있습니다.

석유 31%

석탄 26%

화석 연료

화석 연료는 수백만 년 전에 죽은 동물과 식물의 잔해가 변해 만들어집니다. 석유, 석탄, 천연가스, 토탄 같은 것들이 있습니다. 화석 연료는 땅속이나 바다 밑바닥에서 많이 발견되며, 이를 캐내기 위해 광산이나 해양 구조물이 필요합니다. 화석 연료를 태우면 엄청난 양의 온실가스가 생기며, 과학자들은 이것이 지구 온난화의 주요 원인이라고 말합니다.

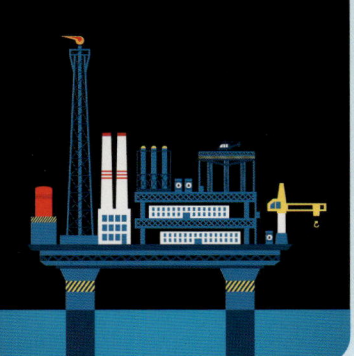

가스 23%

원자력 5%

바이오매스 4%

재생 에너지 10%

초소형 발전소

전 세계적으로 전기를 생산하는 소형 풍력 터빈과 태양광 전지판을 설치한 가정과 직장이 많아졌습니다. 지열 열펌프로 땅속의 열에너지를 끌어와 집을 난방하는 곳도 있습니다.

51

제3장

힘

힘은 무엇일까요?

물체를 어떤 방향으로 밀거나 당겨지게 하는 작용이 힘입니다. 힘은 물체의 운동이 더 빨라지거나 느려지게 만들 수 있고, 물체의 모양을 바꾸거나 아예 파괴해 버릴 수도 있습니다. 우리는 힘 자체를 볼 수는 없지만 주변에서 많은 종류의 힘이 작용하는 것을 보고 느낄 수 있습니다.

우리 주변의 힘

원자 속의 힘들
모든 원자의 핵에는 아주 강한 힘이 작용하고 있습니다. 이 힘은 원자 폭탄이 폭발할 때 방출되거나 원자력 발전소의 원자로에서 방출됩니다.

중력과 무게
우리는 항상 지구 위의 물체가 지구로부터 받는 힘인 중력을 느끼며 살고 있습니다. 중력은 우리를 땅으로 잡아당기는 힘이며 중력 때문에 몸무게가 존재합니다. 또한 중력은 질량을 가진 모든 물체가 서로 잡아당기는 힘입니다. 이를 지구의 중력과 구분하여 '만유인력'이라고 합니다.

전자기력
전기를 띠는 모든 알갱이에 이 힘이 작용합니다. 알갱이들은 전자기력에 의해 서로 끌어당기거나 밀어내게 됩니다.

힘은 뉴턴이라는 단위로 나타내고 기호 N으로 표시합니다.

힘의 상호 작용

우리가 어떤 물체에 힘을 가하면 그와는 방향이 반대인 다른 힘이 우리에게 힘을 가합니다. 사실 하나의 물체에는 여러 힘들이 동시에 작용하고 있습니다. 이런 힘들은 서로 합쳐지면서 더 큰 작용을 일으키거나 서로의 작용을 방해합니다.

힘의 균형

크기가 같은 두 개의 힘이 서로 반대 방향으로 가해지면 어떤 변화가 일어날 수 없습니다. 이런 것을 힘의 균형 상태라고 합니다. 힘의 균형 상태에서는 정지해 있던 물체는 그대로 계속 정지해 있고, 움직이던 물체는 같은 속도로 계속 움직이게 됩니다. 책상 위에 놓인 책은 중력에 의해 아래로 당겨지고 있지만, 책상이 중력과 같은 크기의 힘으로 버티고 있기 때문에 책은 그대로 놓여 있게 됩니다.

힘의 불균형

맞서고 있는 두 힘의 크기가 서로 다른 것이 힘의 불균형입니다. 이때 두 힘의 차이를 알짜 힘 또는 합력이라고 합니다. 제자리에 그대로 있던 물체는 알짜 힘의 방향으로 움직이기 시작하고, 이미 움직이고 있던 물체라면 빠르기나 방향이 달라지게 됩니다. 자전거를 탄 사람이 앞으로 나아가려면 그 방향과 반대로 작용하는 힘인 마찰과 공기 저항을 이겨 낼 수 있을 만큼의 힘이 필요합니다.

뉴턴의 세 가지 법칙

영국 과학자 아이작 뉴턴은
운동의 법칙 세 가지를 발견했습니다.

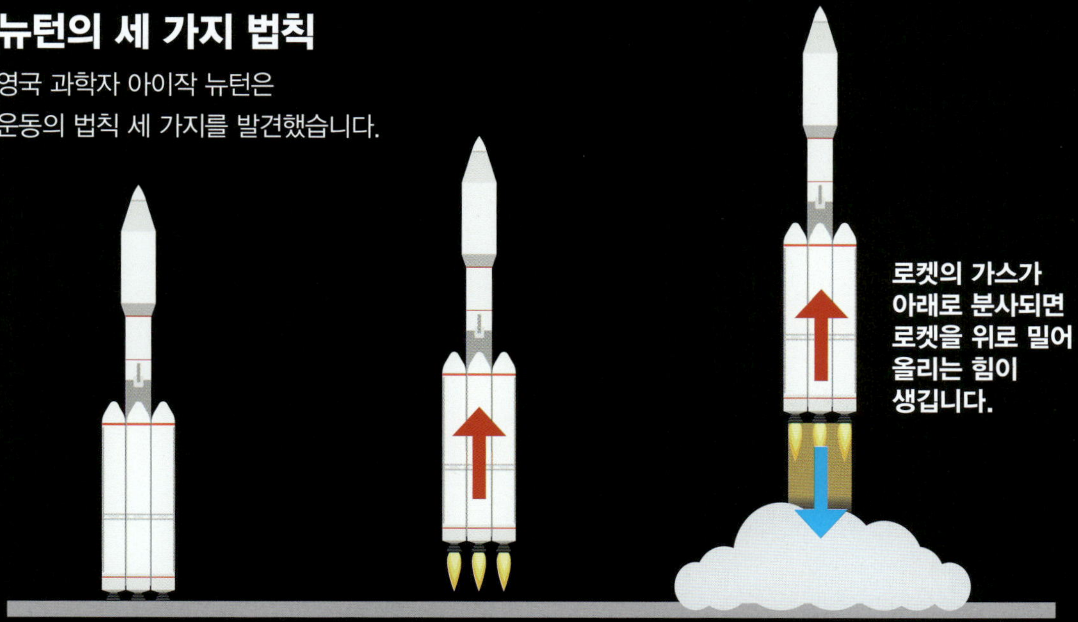

로켓의 가스가
아래로 분사되면
로켓을 위로 밀어
올리는 힘이
생깁니다.

첫 번째 법칙
외부에서 힘을 가하지 않는다면 물체는 제자리에 가만히 있거나 직선으로 계속 움직입니다. 이것을 관성이라고 합니다.

두 번째 법칙
외부에서 힘을 가하면 물체는 빠르기가 바뀝니다. 이를 가속이라고 합니다.

세 번째 법칙
어떤 물체가 다른 물체에 힘을 가할 때, 힘을 가하는 물체는 그 힘과 크기가 같고 방향이 반대인 힘을 받습니다.

돌리는 힘

축에 연결된 어떤 물체에 힘이 가해지면 물체는 축을 중심으로 하여 그 힘의 방향으로 돌게 됩니다. 이렇게 돌리는 힘을 돌림힘 또는 토크라고 합니다. 돌림힘은 힘의 크기에 축과의 거리를 곱한 값으로 나타냅니다. 같은 크기의 힘이라도 축에서 멀수록 돌림힘은 커집니다. 스패너는 힘이 가해지는 지점과 축 사이의 거리를 늘려 돌림힘을 커지게 하는 도구입니다.

힘
스패너
너트
볼트(축)
회전

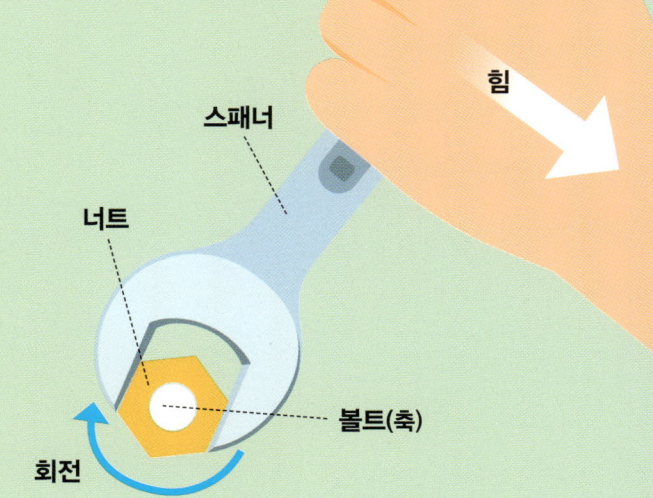

중력

중력은 물체들이 서로 당기는 힘입니다. 아주 작은 원자들을 비롯해 모든 물체는 서로 당기는 힘을 가집니다. 물체의 질량이 클수록 그 힘은 커집니다.

몸무게와 중력

지구가 중력으로 우리의 몸을 당기는 결과가 몸무게입니다. 중력은 물체들을 지구 중심부 쪽으로 잡아당겨 1초마다 속도가 초속 9.8미터씩 더 빨라지게 합니다.

물체들끼리 당기는 힘은 서로의 거리가 멀수록 약해집니다.

페루의 우아스카란산 **북극해**

지구의 중력은 지구에서 어디에 있느냐에 따라 달라집니다. 중력이 가장 강한 곳은 북극해이고 가장 약한 곳은 페루 우아스카란산의 봉우리입니다. 이 두 지점의 100미터 상공에서 물체를 각각 떨어뜨리면 북극해 쪽 물체가 페루의 물체보다 16밀리초 먼저 바닥에 떨어집니다.

우주에서의 무게

태양계의 행성들은 각각 질량이 다르고 그 때문에 중력도 다릅니다.

수성	금성	달	화성	목성	토성	천왕성	해왕성
380N	910N	170N	380N	2,530N	1,070N	910N	1,140N

지구에서 1,000뉴턴의 무게가 나가는 사람은 태양계의 다른 행성에서는 위와 같은 무게가 나가게 됩니다. 1뉴턴은 1킬로그램의 물체에 작용하여 매초마다 1미터의 가속도를 얻게 하는 힘입니다. 두 물체가 중력으로 끌어당기는 힘이 무게이기 때문에 뉴턴은 무게의 단위이기도 합니다.

우주에서의 중력

행성들이 태양의 둘레를 계속 도는 것은 태양의 중력 때문입니다. 태양의 중력이 없으면 행성들은 일직선으로 멀리 도망가 버릴 것입니다. 중력 덕분에 행성들은 타원을 그리며 태양 둘레를 돌고 있습니다. 태양과 가까운 행성일수록 도는 속도가 빠릅니다. 그러지 않으면 태양에 충돌하기 때문입니다. 태양에서 더 먼 행성은 천천히 돌아야 하는데 그러지 않으면 우주로 날아가 버리게 됩니다.

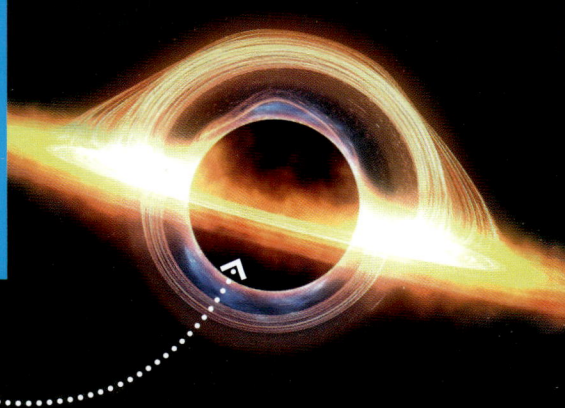

블랙홀은 질량이 어마어마하게 큽니다. 블랙홀의 중력은 너무나도 강해서 주변의 모든 물질을 흡수합니다. 심지어는 빛마저도 블랙홀을 벗어나지 못합니다.

압력

한 물체가 다른 물체를 밀거나 누를 때 일정한 면적에 대해 수직으로 작용하는 힘을 압력이라고 합니다. 밀거나 누르는 힘이 커지면 압력도 커집니다.

가해지는 힘을 힘이 가해지는 면적으로 나누면 압력이 됩니다.

$$압력 = \frac{힘}{면적}$$

큰 면적에 힘을 가하면 같은 힘을 작은 면적에 가할 때보다 압력이 낮습니다.

면적에 따라 달라지는 압력

축구 선수들의 신발은 잘 미끄러지지 않도록 밑창에 징이 박혀 있습니다. 징은 힘을 작은 면적에 작용시킵니다. 그 때문에 압력이 커져 징이 땅에 박히면서 신발이 미끄러지지 않게 됩니다. 반면 스키는 길이를 길게 만듭니다. 그만큼 힘을 받는 면적이 커지면서 압력은 작아지기 때문에 스키가 눈 속에 박히지 않게 됩니다.

작은 면적 = 큰 압력

큰 면적 = 작은 압력

기압

우리가 못 느낄 수도 있지만, 지구 대기의 무게도 우리를 내리누르며 대기압을 작용시키고 있습니다. 고도가 높은 곳으로 갈수록 이 압력은 낮아집니다. 우리를 누르는 대기가 위로 갈수록 줄어들기 때문입니다.

깊은 바닷속 압력

바다 밑으로 내려갈수록 위에서 내리누르는 물이 많아집니다. 그래서 물속 깊이 잠수할수록 압력이 커지게 됩니다. 깊은 바다에 사는 동물들은 수면에서보다 수백 배나 큰 압력을 버텨야 합니다.

에베레스트산은 네팔과 티베트 사이에 솟아 있는 세계에서 가장 높은 봉우리입니다. 에베레스트산 정상에서의 대기압은 해수면의 대기압과 비교해 3분의 1밖에 되지 않습니다.

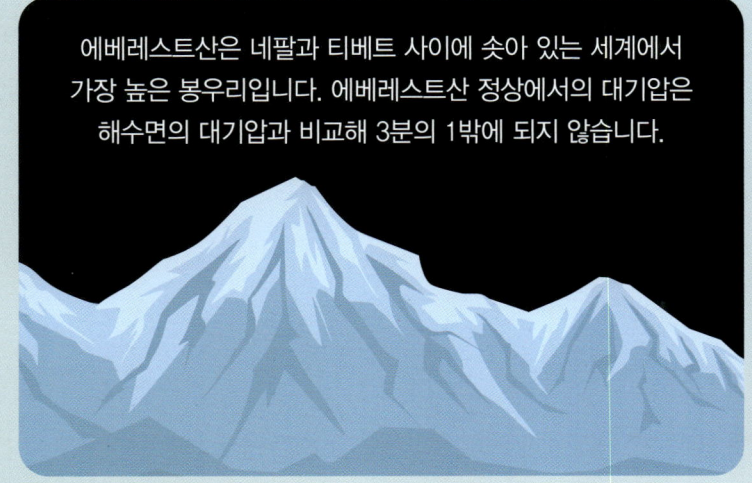

마찰

두 물체를 서로 비비면 마찰이라는 힘이 발생합니다. 이 힘은 물체의 운동 방향과 반대 방향으로 작용합니다. 마찰은 물체가 움직이기 어렵게 만들고, 마찰력이 충분히 크면 물체는 완전히 멈추게 됩니다.

표면 거칠기와 마찰

어떤 물체의 마찰력은 그 물체의 재료와 표면 거칠기에 따라 달라집니다. 거친 물체는 매끈한 물체보다 마찰이 큽니다. 마찰은 땅을 움켜쥐는 힘을 높여야 할 때 유용합니다. 예를 들어, 밑창이 고무로 된 신발은 얼음판에서도 쉽게 미끄러지지 않으며, 자동차나 자전거는 브레이크 패드의 마찰력으로 멈출 수 있습니다.

마찰과 윤활

마찰력을 이겨 내는 데에 많은 에너지가 들어가는 경우가 있습니다. 마찰이 일어나는 물체 사이에 기름이나 물을 넣으면 마찰을 줄이는 데 도움이 됩니다. 이렇게 두 물체 표면의 마찰을 줄이는 역할을 하는 물질을 윤활제라고 합니다.

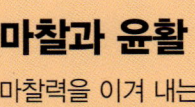

공기 저항

우리 주변의 공기는 수많은 작은 알갱이들로 이루어져 있습니다. 이런 알갱이들을 헤치고 나아가면 공기 저항 또는 항력이라고 하는 마찰력이 발생합니다. 자동차, 자전거, 트럭 같은 탈것들을 설계하는 사람들은 탈것이 공기를 헤쳐 나가기 쉽도록 차체의 공기 저항을 줄이려 애쓰고 있습니다.

뜨고 가라앉는 원리

큰 배가 어떻게 바다에 떠 있을 수 있는지, 작은 돌이 어떻게 가라앉을 수 있는지 궁금한 적이 있나요? 부력이라는 힘의 크기에 그 답이 있습니다.

무게와 부력의 균형

물에 있는 물체는 무게 때문에 아래로 가라앉는 힘이 있습니다. 가라앉는 물체는 물에 잠기는 부피만큼의 물을 밀어냅니다. 이때, 밀려나는 물의 무게는 부력이라는 힘이 되어 물체를 위로 밀어 올립니다. 부력이 물체의 무게와 같다면 물체는 뜰 것입니다. 배가 떠 있는 이유이지요.

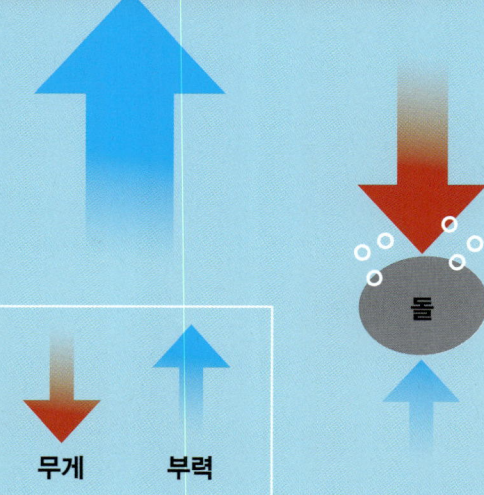

OOCL홍콩호는 이제껏 만들어진 거대한 컨테이너 운반선 가운데 하나입니다. 이 배는 **길이가 400미터, 폭이 59미터**이며, 화물을 한가득 실은 상태에서의 배수량(배에서 물에 잠기는 부분이 밀어내는 물의 무게)이 **283,477톤**이나 됩니다.

빈 선체

배의 선체는 비어 있습니다. 이 때문에 배의 무게는 배가 밀어내는 물의 무게보다 가볍습니다. 거대한 컨테이너 화물선에 짐을 가득 싣는 경우에도 마찬가지입니다.

물고기

대부분의 물고기들은 '부레'라는 작은 주머니를 가지고 있습니다. 물고기는 부레에 공기를 채우거나 내보냄으로써 위아래로 자유롭게 헤엄칠 수 있습니다. 수면으로 떠오를 땐 부레에 공기를 채워 몸의 밀도를 낮추고, 물속으로 내려갈 땐 공기를 빼내 몸의 밀도를 높입니다. 상어 같은 물고기들은 부레가 없습니다. 이런 물고기들은 물속에서 올라가거나 내려갈 때 지느러미를 이용합니다.

잠수함

잠수함은 공기를 넣을 수 있는 특수한 탱크를 가지고 있습니다. 탱크에 공기를 넣으면 선체의 밀도가 낮아져 물속에서 상승할 수 있습니다. 하강할 때는 탱크에 공기 대신 물을 채워 밀도를 높여 줍니다.

공기를 채움.
물을 밖으로 내보냄.
뜸.

공기를 밖으로 내보냄.
물을 채움.
가라앉음.

만재 흘수선

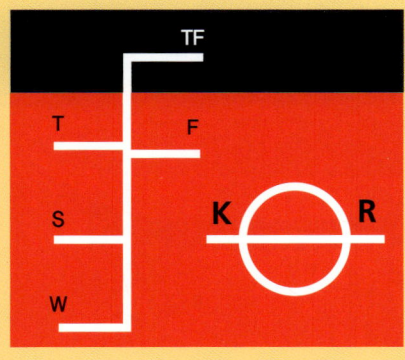

짐을 많이 실을수록 배는 물에 더 가라앉게 됩니다. 바다를 항해하는 배들은 옆쪽에 만재 흘수선이라는 특수한 표시가 있습니다. 이 표시는 배가 안전하게 실을 수 있는 짐의 양을 나타냅니다.

비행

새, 박쥐, 곤충 같은 동물은 수백만 년 전부터 하늘을 날 수 있었습니다. 하지만 인간이 비행 장치를 발명해 비로소 하늘을 날게 된 것은 수백 년에 지나지 않습니다.

공기보다 가벼운 비행체

인간의 첫 비행은 열기구를 이용한 것이었습니다. 열기구는 버너로 가열한 뜨거운 공기를 풍선같이 생긴 커다란 주머니에 채워 떠오르게 만든 것입니다. '구피'라고도 하는 이 주머니에 들어 있는 공기는 온도가 높아지면서 팽창해 바깥쪽 공기보다 밀도가 낮아집니다. 이 때문에 구피가 떠오르는 힘이 생겨 아래쪽에 사람을 태우고 하늘로 오를 수 있게 됩니다.

따뜻한 공기

찬 공기

열기구

수소와 헬륨 같은 기체는 공기보다 훨씬 더 가볍습니다. 커다란 주머니에 이런 기체를 채우면 떠오르는 힘이 생깁니다. 비행선들은 처음에 수소 기체를 채웠지만 수소는 아주 불안정하고 폭발 위험도 컸습니다. 1937년의 힌덴부르크호 폭발 사고를 비롯해 끔찍한 사고들이 잇따라 일어나자 비행선에는 더 이상 수소를 쓰지 않게 되었습니다. 오늘날의 크고 작은 비행선들은 안전한 헬륨을 사용합니다.

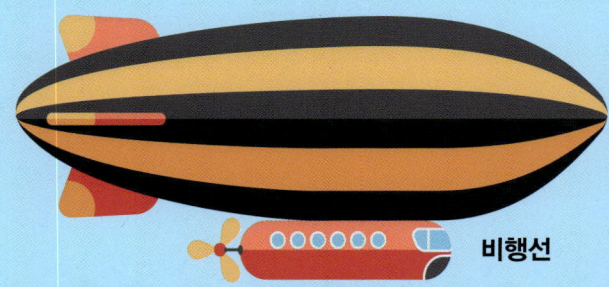

비행선

날개의 원리

새, 곤충, 박쥐 그리고 비행기에는 공통점이 있습니다. 날개가 있다는 것입니다. 수평으로 펼쳐진 이런 날개들은 뒤로 갈수록 비스듬하게 기울어져 있습니다. 이 기울어진 각도를 '받음각'이라고 합니다. 공기를 가르고 나아가는 동안 날개는 공기를 아래로 비껴가게 하고 이 공기 흐름은 날개를 위로 밀어 올리는 힘을 만들어 냅니다. 위로 밀어 올리는 이 힘을 '양력'이라고 합니다.

공기를 타고 날아오르기

하늘로 날아오르는 새와 동력이 없는 글라이더는 열 기류라는 공기 흐름을 이용해 상승합니다. 열 기류는 주변 공기보다 따뜻한 공기 기둥입니다. 열 기류의 상승은 새와 글라이더가 올라갈 수 있는 힘이 됩니다.

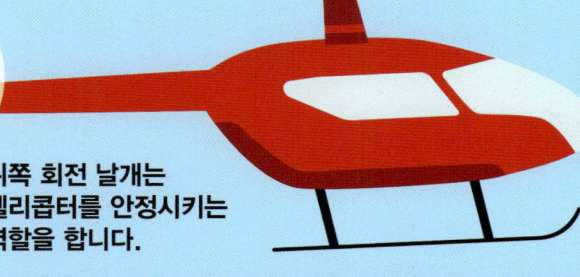

회전 날개

날개가 고정되어 있는 많은 항공기들과 달리 헬리콥터는 회전 날개로 비행합니다. 회전 날개는 회전으로 양력을 만들어 냅니다. 그 때문에 헬리콥터는 앞으로 전진하지 않고도 공중에 떠 있을 수 있습니다.

자동차의 날개

자동차의 뒤쪽에 날개가 달려 있는 경우도 있습니다. 하지만 이것은 날기 위한 것이 아닙니다. 자동차에 달린 날개는 위아래가 반대로 되어 있습니다. 차가 공기를 가르며 달릴 때 이 날개는 공기를 위로 비껴가게 하고 그 때문에 양력과 방향이 반대인 누름힘이 생기게 됩니다. 누름힘은 자동차를 도로나 경주로에 더 붙어 있게 해 접지력을 높여 줍니다.

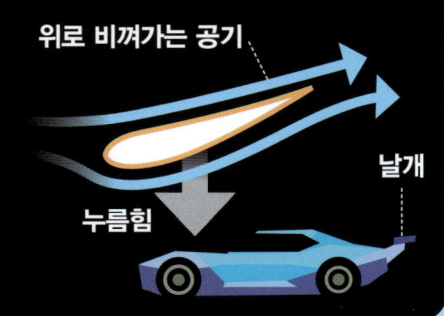

전자기력

자기장 안에서 자기를 띄는 물체를 자성체라고 합니다. 자성체는 자석의 영향을 받아 물체들을 끌어당기거나 밀어내는 힘을 가지고 있습니다.

자기장

자석은 N극과 S극 두 극을 가지고 있습니다. 자기장은 자석이 자성체에 영향을 미칠 수 있는 주변 공간을 말합니다.

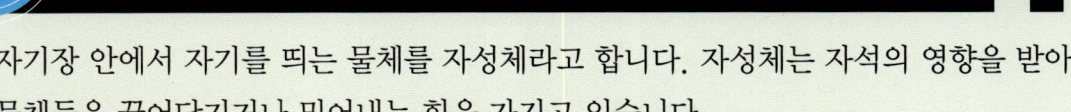

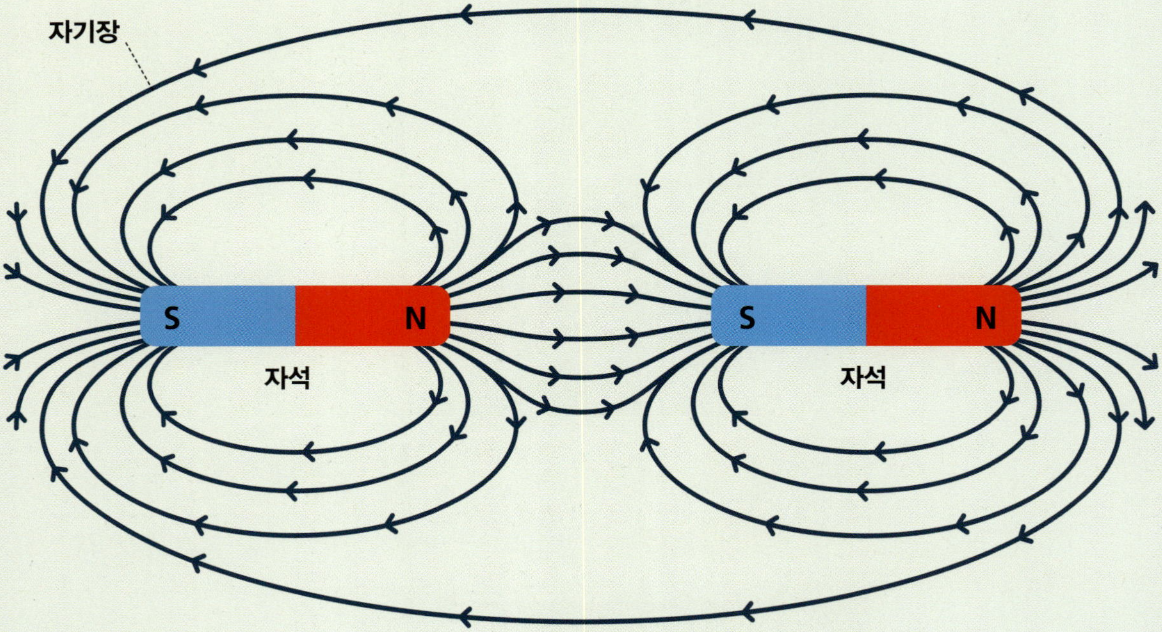

자기장

자석

자석

밀고 당김

두 개의 자석을 서로 가까이 가져가면 재미있는 일이 일어나기 시작합니다. 두 개의 반대되는 극인 N극과 S극이 가까워지면 두 자석은 서로 끌어당깁니다. 하지만 N극과 N극, S극과 S극처럼 서로 같은 극끼리 가까워지면 두 자석은 서로 밀어냅니다.

지구라는 자석

지구의 중심부에서는 온도가 아주 높은 철 성분 덩어리가 회전하고 있습니다. 이 덩어리의 움직임이 지구를 거대한 자석처럼 만들어 지구 전체를 둘러싸는 거대한 자기장이 생깁니다.

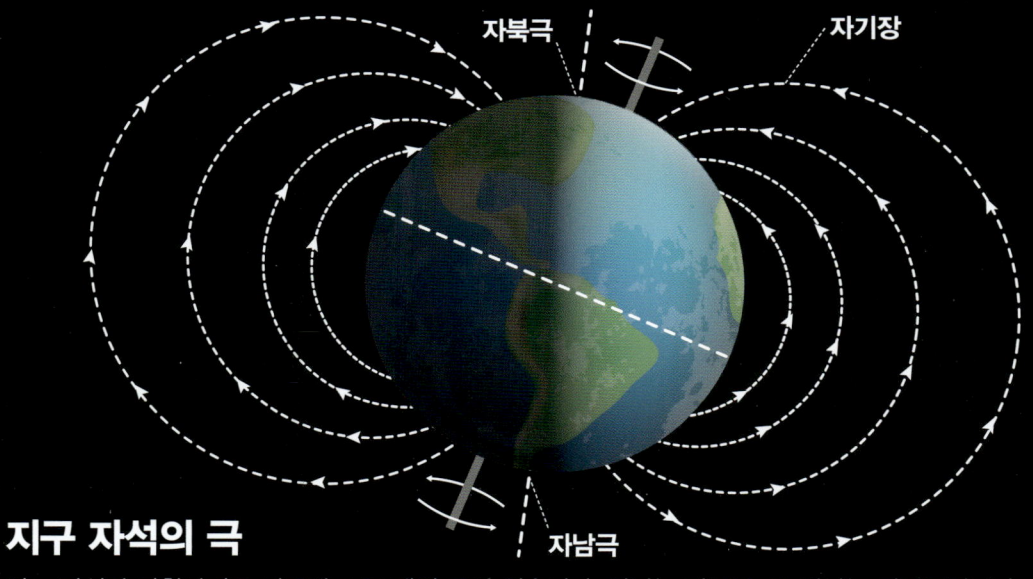

지구 자석의 극

여느 자석과 마찬가지로 지구에도 두 개의 극이 있습니다. 하나는 자북극, 또 하나는 자남극입니다. 자북극은 지구 자기장의 북극을 말하며 자남극은 지구 자기장의 남극을 말합니다. 지구의 자기장은 나침반으로 알아낼 수 있습니다. 자기를 띠고 있는 나침반 바늘이 움직여 지구 자기장 방향과 나란해지면서 나침반의 N극은 북극을, S극은 남극을 가리킵니다.

지구의 보호막

지구의 자기장은 태양에서 날아오는 해로운 복사선으로부터 지구를 보호하는 역할도 합니다. 자기장은 이 복사선이 비껴가게 하지만 자기장의 남극과 북극 부근에서는 복사선이 지표면을 향해 모이게 됩니다. 대기권에 진입한 복사선은 공기 알갱이들과 반응해 밝은 빛을 내는데 이것이 바로 오로라입니다.

자석 만들기

자석으로 어떤 물체를 한 방향으로 문질러 주면 물체가 자력을 띠게 할 수 있습니다. 이렇게 자석으로 문지르면 물체 속 알갱이들이 자기장을 따라 같은 방향으로 늘어서게 됩니다.

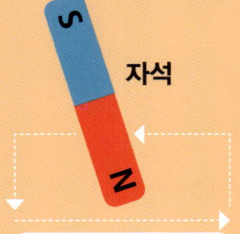

전류 주변에는 자기장이 만들어집니다. 전선 코일에 전기를 흘려 주면 코일은 자석과 같은 상태가 되며, 전류가 끊기면 자기장도 사라집니다.

단순한 기계들

우리는 일을 손쉽게 하기 위해 기계를 사용합니다. 이제 소개하는 여섯 가지 단순한 기계들은 수천 년 전부터 인류가 써 오던 것입니다. 힘의 크기나 방향을 바꾸어 주는 것이 이 기계들의 중요한 특징입니다.

지레

지레는 막대의 한 점을 받치고 그 받침점을 중심으로 움직이는 장치입니다. 지레는 힘점에 힘을 가해 작용점의 물체를 움직입니다. 지레에는 작용점, 힘점, 받침점의 위치에 따라 세 가지 종류가 있습니다.

1종 지레는 받침점이 힘점과 작용점 사이에 있습니다. 가위가 1종 지레에 속합니다.

2종 지레는 작용점이 힘점과 받침점 사이에 있습니다. 외발 수레는 2종 지레입니다.

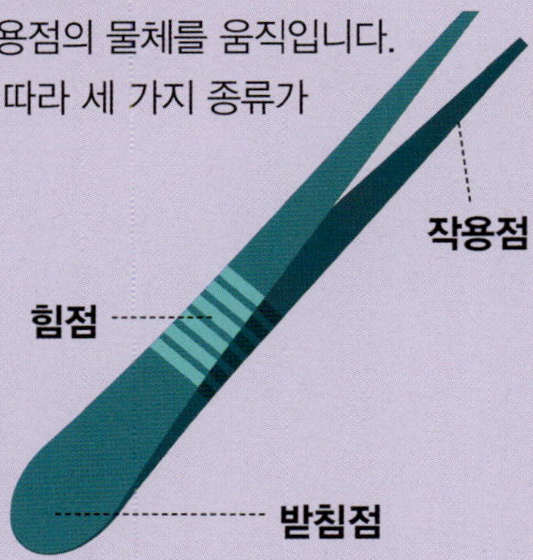

3종 지레는 힘점이 작용점과 받침점 사이에 있습니다. 3종 지레에는 족집게, 빗자루, 낚싯대 같은 것들이 있습니다.

바퀴

바퀴는 가운데에 있는 축을 중심으로 도는 둥근 물체입니다. 바퀴는 탈것과 땅 사이의 마찰을 줄여 물체가 잘 움직일 수 있게 합니다. 그리고 힘의 크기를 키우는 데에도 쓸 수 있습니다. 예를 들어 어떤 밸브에는 둥근 손잡이가 달려 있는데 손잡이의 바깥쪽을 잡고 돌리면 밸브의 안쪽에 가해지는 힘이 커져 밸브를 쉽게 열고 닫을 수 있습니다.

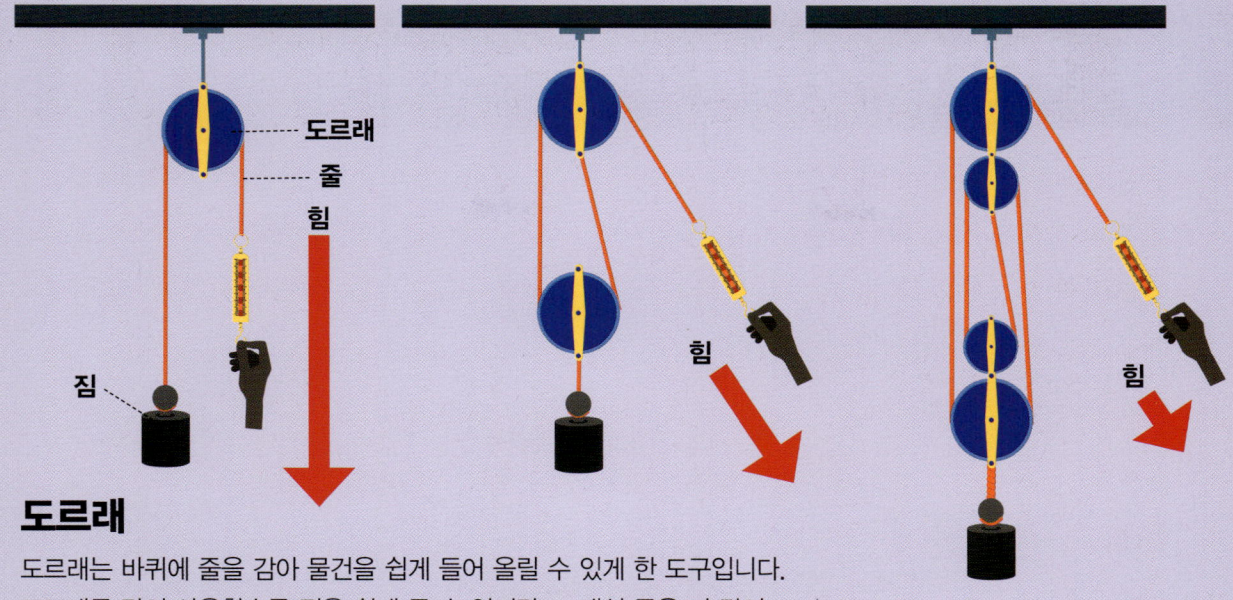

도르래

도르래는 바퀴에 줄을 감아 물건을 쉽게 들어 올릴 수 있게 한 도구입니다. 도르래를 많이 사용할수록 짐을 쉽게 들 수 있지만 그 대신 줄을 더 많이 당겨야 합니다. 예를 들어 네 개의 도르래를 쓰면 무게가 네 배인 물건도 들어 올릴 수 있지만 줄의 길이도 네 배로 당겨 주어야 합니다.

경사면

경사면은 짐의 이동 각도를 낮춰 쉽게 올릴 수 있도록 도와줍니다. 경사가 완만할수록 짐을 올리기가 쉽지만 같은 높이만큼 올리려면 더 긴 경사면이 필요하게 됩니다.

나사

나사는 중심부의 둘레를 따라 경사면을 만든 것이라 할 수 있습니다. 나사의 예로 나사못과 나선형 계단을 들 수 있습니다.

쐐기

쐐기는 힘의 방향을 바꾸어 주는 삼각형 모양의 장치입니다. 쐐기의 머리에 힘을 가하면 그 힘이 쐐기의 비스듬한 면에 직각 방향으로 작용합니다. 쐐기의 예로는 도끼나 핀 같은 것을 들 수 있습니다.

기관과 전동기

인간이나 다른 동물의 힘으로 기계나 탈것을 움직이는 데에는 한계가 있습니다. 가족을 태우고 여행을 떠나거나 인공위성을 쏘아 올리거나 그 외에 기계가 더 큰 능력을 발휘하려면 기관(엔진)이 필요합니다.

증기 기관

증기 기관은 이를테면 석탄을 때는 식으로 외부의 에너지원으로 물을 끓여 증기를 발생시킵니다. 이 증기의 압력으로 피스톤을 밀고 당길 수 있습니다.

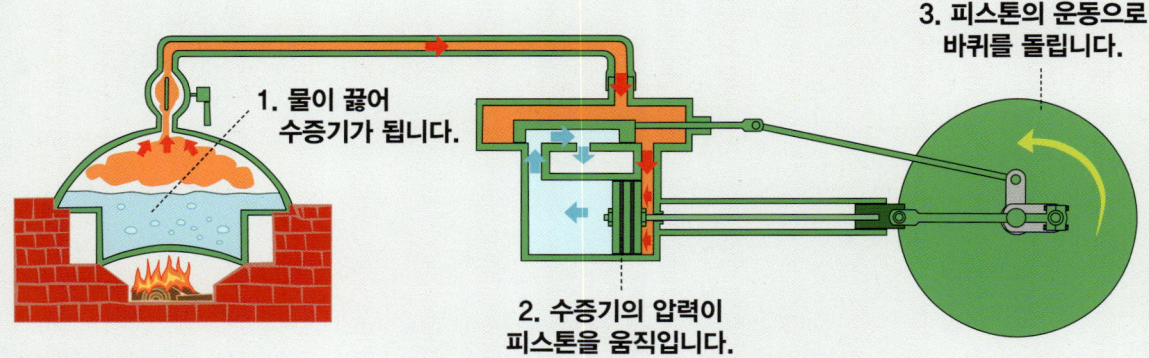

내연 기관

내연 기관은 실린더 안에서 연료와 공기를 섞습니다. 이 혼합물을 압축해 폭발시키고 이 폭발로 피스톤을 아래로 밀어냅니다. 다시 올라오는 피스톤은 배기가스를 밖으로 밀어낸 후 또다시 아래로 내려가면서 연료와 공기를 섞습니다. 이런 과정이 1초에 수천 번이나 되풀이됩니다.

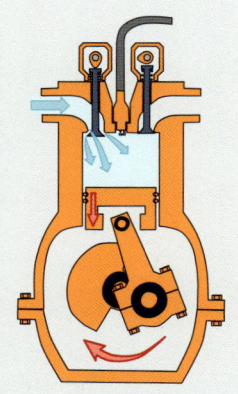
1. 피스톤이 내려가면서 연료와 공기를 빨아들입니다.

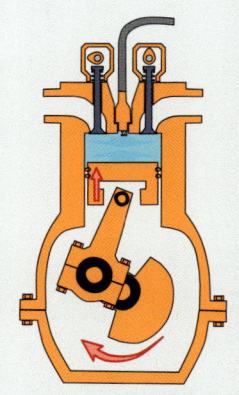
2. 피스톤이 올라가면서 연료와 공기의 혼합물을 압축합니다.

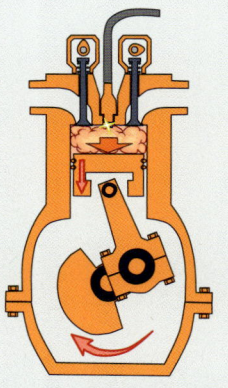
3. 연료를 폭발시켜 피스톤을 아래로 밀어냅니다.

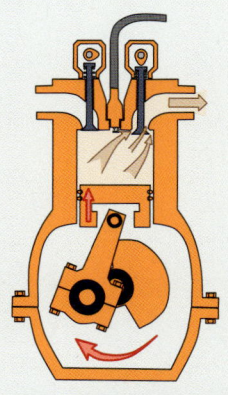
4. 피스톤이 올라오면서 배기가스를 밖으로 내보냅니다.

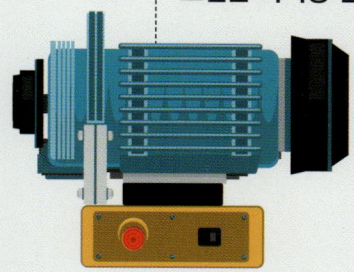

코일은 자기장 안에서 회전합니다.

전동기

코일에 전류가 흐르면 코일 주변에 자기장이 생깁니다. 그런데 코일이 다른 자기장 안에 있다면 두 자기장의 상호 작용으로 코일이 회전하기 시작합니다. 이것이 전동기의 원리입니다.

제트 기관

제트 기관은 앞쪽의 큰 터빈으로 공기를 빨아들입니다. 공기는 기관 속에서 압축되고 연료와 섞인 뒤에 폭발합니다. 폭발로 생기는 뜨거운 가스가 뒤로 분출되는 힘에 의해 기관은 앞으로 나아갑니다. 어떤 항공기는 제트 기관의 뜨거운 가스로 커다란 프로펠러를 돌려 추진력을 얻기도 합니다.

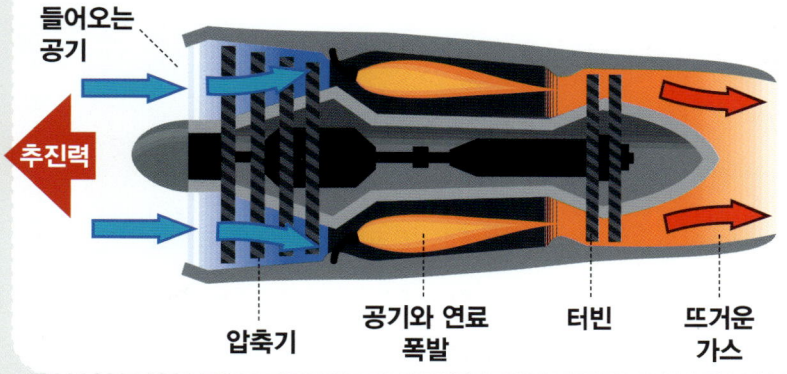

로켓 기관

로켓은 연료에 산화제를 섞어서 태우는 방식으로 강력한 힘을 냅니다. 산화제는 산소를 생성해서 산화 작용을 일으키는 물질을 말합니다. 가스가 분사구로 배출되면서 로켓을 밀어냅니다. 연료와 산화제는 로켓 안에 액체 형태 또는 고체 알갱이의 혼합물 형태로 보관할 수 있습니다.

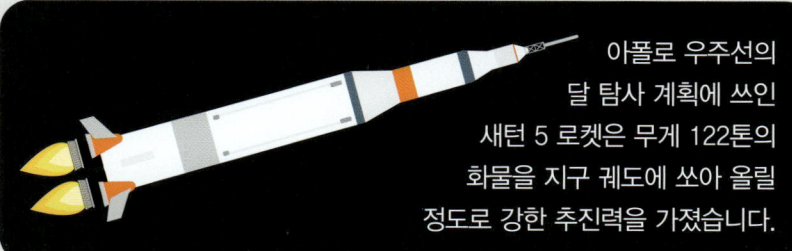

아폴로 우주선의 달 탐사 계획에 쓰인 새턴 5 로켓은 무게 122톤의 화물을 지구 궤도에 쏘아 올릴 정도로 강한 추진력을 가졌습니다.

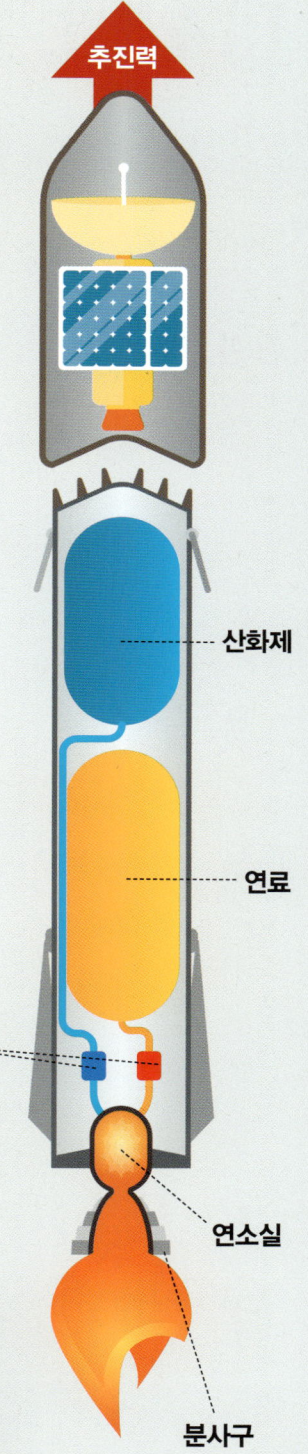

제4장

우주

우주 탐사

우주를 연구하는 과학자를 천문학자라고 합니다. 천문학자는 망원경으로 관찰하거나 직접 탐사선을 보내 자료를 수집하는 식으로 지구에서 먼 천체를 조사합니다.

우주 관측

망원경은 우주에서 오는 빛을 렌즈와 거울을 써서 모으고 큰 이미지로 확대해 아주 먼 천체들을 볼 수 있게 해 줍니다. 망원경으로 우주를 처음 관측한 사람은 이탈리아의 과학자 갈릴레오 갈릴레이입니다. 1609년에 갈릴레이는 망원경으로 달을 관찰했습니다. 그리고 후에 목성 궤도를 도는 위성 네 개와 토성의 고리도 발견했습니다.

천문학자들은 전자기 스펙트럼에서 가시광선이 아닌 부분들을 이용해 천체를 연구하기도 합니다. 별이나 블랙홀 같은 아주 뜨거운 천체에서는 강력한 에너지를 가진 엑스선과 감마선 같은 파동들이 많이 나옵니다. 하지만 가스 구름 같은 차가운 천체에서는 전파와 같은 낮은 에너지를 가진 파동들이 나옵니다.

지상에 있는 전파 망원경들은 우주에서 날아오는 전파 신호들을 모읍니다.

우주 탐사

지구의 대기는 전자기 스펙트럼을 얼마간 차단할 뿐만 아니라 가시광선들을 본모습과 달라지게 만들 수도 있습니다. 지구 궤도에 올린 우주 망원경은 이런 문제가 없이 우주의 모습을 선명하게 볼 수 있습니다. 인류는 지구 궤도를 벗어나 태양계의 다른 천체에 착륙하는 무인 우주 탐사선까지 발사했고 탐사 로봇으로 달과 화성 표면을 탐사했습니다. 어떤 탐사선들은 태양계를 완전히 떠나 다른 별들을 향해 비행하고 있습니다.

큐리오시티를 비롯한 화성 탐사차들은 화성 표면을 탐사하고 있습니다.

우주 탐사선 보이저 1호는 태양계를 벗어난 최초의 인공 비행체입니다.

태양계

태양계의 한복판에는 뜨겁게 불타는 거대한 가스 덩어리인 태양이 자리 잡고 있습니다. 이 밝은 별의 둘레를 여덟 개의 행성과 수백만 개의 돌과 얼음덩이가 돌고 있습니다.

행성의 종류 행성 여덟 개는 세 가지로 분류할 수 있습니다.

암석 행성
수성, 금성, 지구, 화성

가스 행성
목성, 토성

얼음 행성
천왕성, 해왕성

태양

수성
지름: 4,879km
태양과의 거리: 5790만 km
태양 공전 주기: 88.0일
평균 온도: 167℃

지구
지름: 12,765km
태양과의 거리: 1억 4960만 km
태양 공전 주기: 365.2일
평균 온도: 15℃

금성
지름: 12,104km
태양과의 거리: 1억 820만 km
태양 공전 주기: 224.7일
평균 온도: 464℃

화성
지름: 6,792km
태양과의 거리: 2억 2790만 km
태양 공전 주기: 687.0일
평균 온도: −63℃

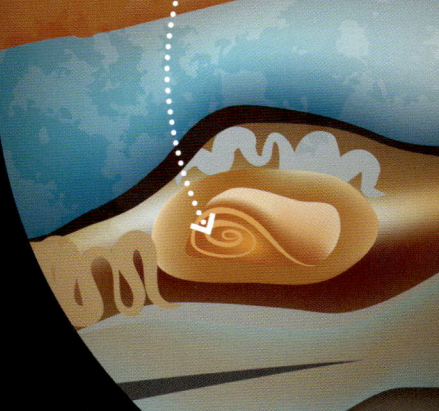

목성의 '큰 붉은 점'은 크기가 지구 전체보다도 큰 강력한 폭풍이며, 적어도 350년 전부터 힘을 떨쳐 왔습니다.

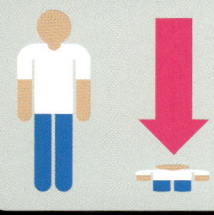

금성 표면의 기압은 지구의 바닷속 1킬로미터 깊이에서의 압력과 같습니다. 우리 몸이 납작해질 정도의 압력입니다.

목성
지름: 142,984km
태양과의 거리:
7억 7860만 km
태양 공전 주기: 4,331일
평균 온도: −110℃

토성
지름: 120,536km
태양과의 거리:
14억 3350만 km
태양 공전 주기: 10,747일
평균 온도: −140℃

토성 둘레의 고리들은 작게는 먼지만 하고 크게는 코끼리보다도 큰 무수히 많은 알갱이들로 이루어져 있습니다.

천왕성
지름: 51,118km
태양과의 거리:
28억 7250만 km
태양 공전 주기: 30,589일
평균 온도: −195℃

해왕성
지름: 49,528km
태양과의 거리:
44억 9510만 km
태양 공전 주기: 59,800일
평균 온도: −200℃

해왕성의 바람은 속도가 시속 2,000킬로미터에 이릅니다. 태양계에서 가장 강한 바람입니다.

달과 위성

달이 지구 둘레를 돌듯이 어떤 행성의 둘레를 도는 천체를 위성이라고 합니다. 태양계에서는 여섯 개의 행성이 위성을 가지고 있습니다. 지구는 달을 위성으로 가지고 있고, 목성의 위성은 거의 80개에 이릅니다.

지구의 위성, 달

달은 평평하고 밋밋해 보입니다. 하지만 바다처럼 보이는 넓은 평지와 높다란 산맥들이 달 표면을 덮고 있습니다. 달은 스스로 한 바퀴를 도는 자전 속도와 지구 둘레를 도는 공전 속도가 같습니다. 그래서 우리는 항상 달의 한쪽 면만 볼 수 있습니다.

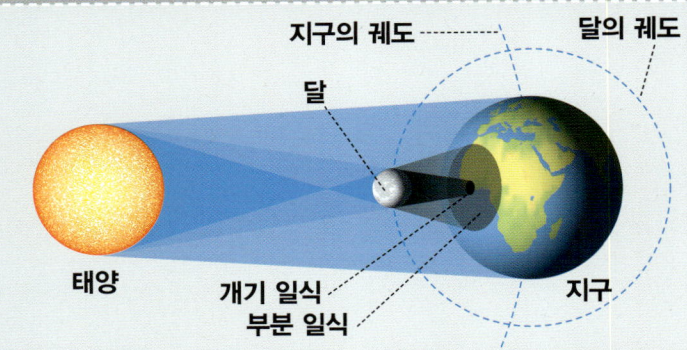

지구의 궤도 / 달의 궤도 / 달 / 태양 / 개기 일식 / 부분 일식 / 지구

일식

우리 눈에는 하늘에 뜬 달이 태양과 같은 크기로 보입니다. 그래서 달이 태양의 앞을 지나면서 태양을 전부 가리는 일이 생기기도 합니다. 이를 개기 일식이라고 합니다. 태양을 일부만 가리는 것은 부분 일식이라고 합니다.

갖가지 위성들

화성에는 포보스와 데이모스라는 두 개의 작고 울퉁불퉁한 위성이 있습니다. 천문학자들은 이 위성들이 화성의 인력에 붙들린 소행성일지도 모른다고 보고 있습니다.

데이모스

포보스

목성의 위성인 이오는 황 성분의 구름을 뿜어내는 거대한 화산들이 가득한 무시무시한 위성입니다.

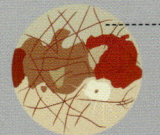

목성의 위성인 유로파는 표면이 두꺼운 얼음층으로 싸여 있는데 그 아래에는 물이 있을 것으로 추정됩니다.

티탄은 토성 둘레를 도는 거대한 위성입니다. 티탄에는 질소 성분의 짙은 대기가 있습니다. (질소는 지구 대기에서도 가장 많은 비중을 차지하는 기체입니다.)

목성 둘레를 도는 가니메데는 태양계에서 가장 큰 위성으로 지름이 **5,260킬로미터**나 되어 행성인 수성보다도 큽니다.

다른 천체들

태양계에는 행성, 위성 들과 태양 외에도 수많은 천체가 있습니다. 여기에는 소행성체들도 있고, 태양계 가장 바깥쪽에서 태양을 향해 날아오는 작고 울퉁불퉁한 얼음덩이들도 있습니다.

소행성과 왜소행성

소행성은 행성으로 분류할 수 있을 정도로 크지 않은 천체지만 그래도 어떤 것들은 지름이 수천 킬로미터나 됩니다. 또 소행성과 행성의 중간 단계의 천체를 왜소행성이라고 하는데 명왕성이 이에 속합니다. 명왕성은 2006년까지만 해도 행성으로 불렸지만 이와 비슷한 다른 천체들이 발견되고 행성의 정의가 바뀌게 되자 더 이상 행성으로 불리지 않게 되었습니다.

명왕성

지름: 2,302km
태양과의 거리: 58억 km
태양 공전 주기: 90,530일
평균 온도: -229°C

소행성

바위 덩어리 같은 이 소행성들은 대부분 화성과 목성 궤도 사이의 '소행성대'라는 둥근 띠 부분에서 발견됩니다. 소행성들은 감자처럼 생긴 것이 많습니다. 가장 큰 것은 베스타라는 이름으로 불리고 지름이 530킬로미터나 됩니다. 가장 작은 소행성은 지름이 10미터도 되지 않습니다.

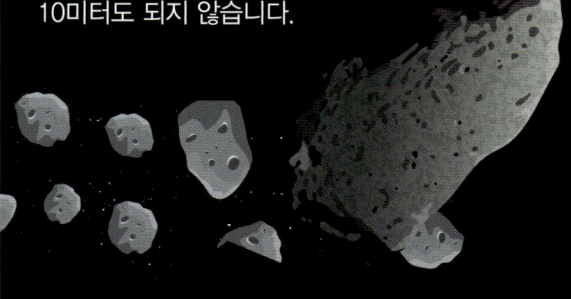

목성의 앞과 뒤에서 목성 궤도를 따라 운동하는 소행성 무리가 있습니다. 이 소행성들을 트로이 소행성군이라고 합니다.

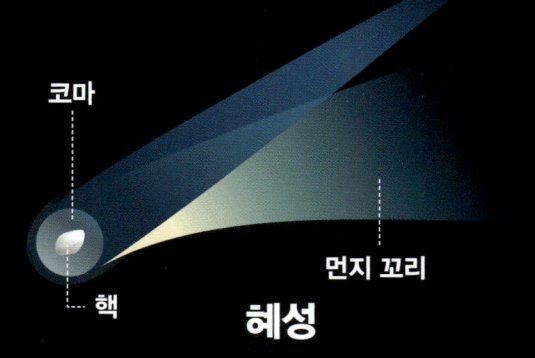

코마
핵
먼지 꼬리

혜성

냉동 상태의 가스와 먼지 덩어리인 혜성은 대부분의 시간을 해왕성 바깥쪽에서 보냅니다. 그리고 그중 일부 혜성들이 태양을 향해 날아옵니다. 태양에 가까워지는 동안 혜성은 표면의 온도가 상승하기 때문에 먼지와 가스가 우주로 증발해 꼬리를 남기면서 태양 빛을 반사합니다.

혜성의 꼬리는 길이가
1억 5000만 킬로미터에 이르기도 합니다.

항성(별)

태양은 우주에 있는 수십억 개의 항성 가운데 하나입니다. 그리고 그 크기도 상당히 작은 편에 속합니다. 우리가 별이라고도 부르는 항성은 위치가 고정되어 있으며 스스로 빛을 내는 천체를 말합니다. 항성은 밝게 빛나는 가스 덩어리로, 크기와 색상이 아주 다양합니다. 희미한 흰색 항성도 있고 크기가 태양의 수천 배나 되는 거대한 붉은색 항성도 있습니다.

원자로

별의 안쪽 깊은 곳에서는 가벼운 원자의 핵들이 강력한 힘에 의해 서로 충돌해 새로운 원자핵이 되는 핵융합 반응이 일어납니다. 핵융합 반응에서 나오는 어마어마한 양의 에너지는 별의 표면에서 열과 빛으로 방출됩니다.

태양은 1초마다 가장 강력한 핵폭발의 20억 배에 가까운 양의 에너지를 방출하고 있습니다.

성운

행성 모양 성운

> 별까지의 거리는 광년이라는 단위로 나타냅니다. 광년은 빛이 1년 동안 가는 거리입니다. 태양에서 가장 가까운 별인 프록시마 켄타우리는 지구에서 4.25광년 거리에 있습니다. 무려 40조 2080억 킬로미터입니다!

갖가지 별들

별은 하양, 파랑, 노랑, 주황, 빨강 등 여러 색이 있습니다. 지름 20~40킬로미터 정도로 작고 밀도가 높은 중성자별부터 지름 10억 킬로미터의 초거성에 이르기까지 크기도 다양합니다. 우리 태양의 지름은 139만 킬로미터입니다. 많은 별들은 성단이라는 무리를 지어 존재합니다. 성단은 적게는 몇 개에서 많게는 수천 개가 넘는 별들로 이루어집니다.

리겔
청백색 초거성

베텔게우스
적색 초거성

황새치자리 S
청색 변광 극대거성

큰개자리 VY
적색 극대거성

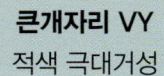

탄생과 죽음

별은 '성운'이라는 가스와 먼지구름에서 태어납니다. 가스 덩어리들은 모였다가 자체 중력 때문에 무너집니다. 이 덩어리들의 중심부는 압력과 온도가 아주 높아 핵융합 반응이 일어나면서 별이 빛을 내기 시작합니다.

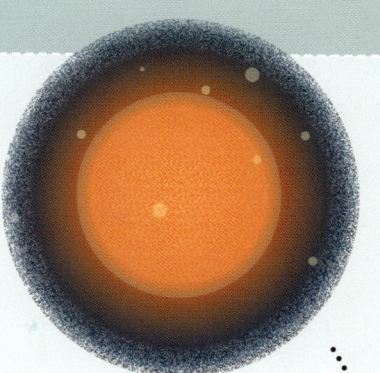

보통 별

핵융합 반응은 원자들을 한데 묶어 다른 원소로 만들면서 에너지를 내지만 이 에너지는 언젠가는 바닥나기 시작합니다. 이때부터 별은 부풀어 오릅니다. 그다음 단계는 별의 질량에 따라 달라집니다.

크기가 태양 정도인 보통 별은 크기가 커지면서 적색 거성이 되었다가 행성 모양 성운이라는 가스 껍질을 벗어 던지게 됩니다. 행성 모양 성운의 바깥쪽 층들이 사라지면 백색 왜성(흰색 난쟁이별이라는 뜻입니다.)이라는 뜨거운 알맹이가 남습니다.

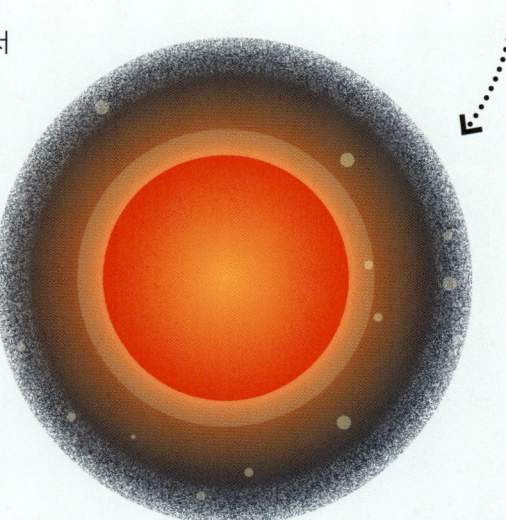

적색 거성

백색 왜성

특이한 별들

중성자별은 큰 별이 폭발한 뒤에 남은, 밀도가 높은 잔해입니다. 질량이 태양의 두 배에 이를 수도 있지만 지름은 겨우 20~40킬로미터밖에 안 됩니다.

블랙홀은 질량이 아주 큰 별이 폭발한 뒤에 생깁니다. 블랙홀은 밀도와 질량이 아주 크며, 블랙홀 주변의 중력이 너무나도 강하기 때문에 빛마저도 블랙홀을 벗어나지 못합니다.

성운

별과 별 사이의 공간은 비어 있지 않습니다. 그 일부는 거대한 가스와 먼지구름이 차지하고 있습니다. 성운이라고 하는 이 구름들은 죽은 별의 흔적이기도 하지만 새 별이 태어나는 곳이기도 합니다.

성운은 별의 구름이란 뜻입니다.

별이 태어나는 곳

성운은 엄청난 양의 가스와 먼지를 갖고 있기 때문에 여기서 새 별이 태어나기도 합니다.

암흑 성운

어떤 성운은 밤하늘의 검은 덩어리처럼 보이기도 합니다. 성운의 먼지가 뒤쪽의 별빛을 가리기 때문에 일어나는 현상입니다.

지구

암흑 성운

흩어진 청색 빛

뜨거운 별

빛을 내는 성운

빛을 내는 성운

마치 빛을 내는 것처럼 보이는 성운들이 있습니다. 그 가운데 어떤 것은 주변의 별빛을 그냥 반사하고 있는 것이어서 반사 성운이라고 합니다. 다른 성운들은 주변의 별빛에서 에너지를 흡수해 이 에너지로 성운의 알갱이들이 빛을 냅니다. 빛과 복사선을 내기 때문에 이들을 발광 성운이라고 합니다.

별의 잔해

큰 별들은 폭발하여 초신성이 되고 파편이 우주로 흩어져 거대한 가스와 먼지구름이 만들어집니다. 작은 별은 덜 강력한 폭발을 일으키면서 별 바깥쪽 층이 벗겨지고 가스와 먼지로 된 껍질이 만들어집니다. 이를 행성 모양 성운이라고 합니다. 과거에 천문학자들이 이 둥근 모양들을 행성이라고 오해해서 생겨난 이름입니다.

79

은하

태양은 '은하수'(또는 우리 은하)라 불리는 은하에 속한 별들 가운데 하나입니다. 은하는 적게는 수천 개, 많게는 100조 개의 별들로 이루어져 있습니다. 은하들의 크기와 모양은 제각각입니다.

우리 은하

우리 은하의 다른 이름인 '은하수'는 밤하늘에서 밝은 띠 모양을 이루면서 빛나는 별들이 강물 같다고 생각해서 붙여진 이름입니다. 서양에서는 이를 우유가 흐르는 강 같다고 생각해 밀키 웨이(milky way)라고 부릅니다. 띠 모양으로 보이는 것은 우리가 은하의 가장자리에서 보고 있기 때문입니다. 사실 은하수는 지름이 10만 광년이나 되는 크고 평평한 소용돌이입니다.

태양

천문학자들의 계산에 따르면 우리 은하에는 1천억 개도 넘는 별이 있습니다. 그리고 우리 은하는 우주에 있는 10조 개의 은하들 가운데 하나에 지나지 않습니다.

은하의 종류

은하는 모양에 따라 네 가지로 나뉩니다.

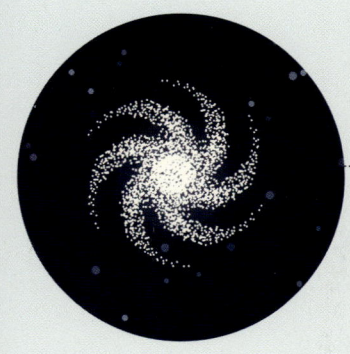

소용돌이 은하

우리 은하와 마찬가지로, 소용돌이 은하들은 불룩한 가운데 부분에서 별과 성운으로 된 긴 팔들이 뻗어 나온 모양을 하고 있습니다. 어떤 은하들은 막대가 한가운데를 지나는 모양을 하고 있기도 합니다. 이를 막대 소용돌이 은하라고 합니다.

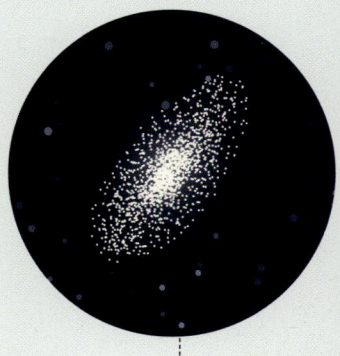

타원 은하

타원 은하는 구 모양 또는 짓눌린 공 모양으로 생겼습니다. 타원 은하 가운데 어떤 것들은 우주에서 가장 크고 가장 오래된 은하들입니다.

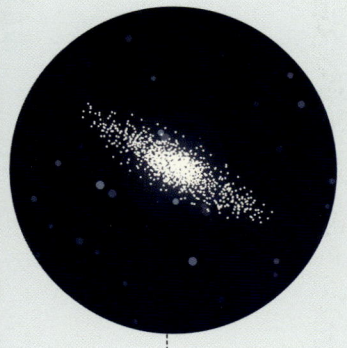

렌즈 은하

렌즈 은하는 소용돌이 은하처럼 가운데가 크고 불룩하지만 이를 둘러싼 별들이 소용돌이 모양으로 늘어서 있지 않습니다.

불규칙 은하

이름 그대로 이 은하들은 일정한 모양이 없습니다.

은하들은 서로 모여서 은하단이라는 거대한 무리를 이룹니다. 은하단들은 한데 모여 초은하단이라는, 우주에서 가장 거대한 구조를 이룹니다. 이런 초은하단들은 지름이 수백만 광년에 이릅니다.

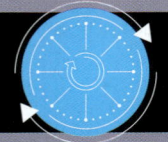

대폭발(빅뱅)

우주는 어떻게 시작됐을까요? 천문학자들은 우주는 아주 높은 온도에서 엄청난 폭발과 함께 시작됐으며 우리가 찾아낼 수 있거나 찾아내지 못하는 모든 것이 여기에서 비롯됐다고 말합니다.

멀어지는 은하들

먼 은하들을 관찰하던 천문학자들은 은하들이 서로 멀어지고 있는 것을 발견했습니다. 이를 근거로 천문학자들은 우주가 팽창하고 있으며 우주의 모든 것은 한 점에 묶여 있다가 수십억 년 전에 어마어마한 힘으로 폭발하면서 갈라져 나온 것이라고 추측했습니다. 이 폭발을 빅뱅이라고 합니다.

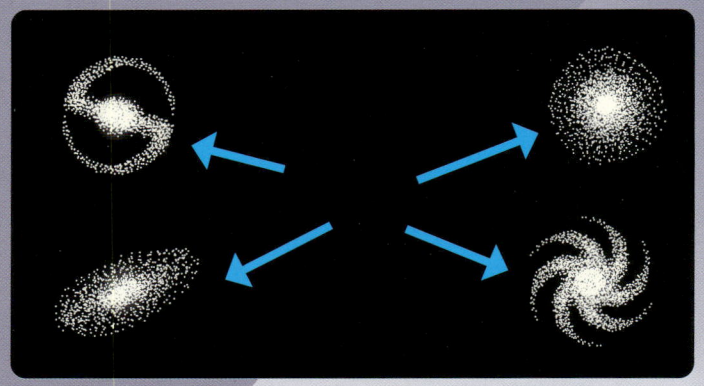

시작

빅뱅은 140억 년 전쯤에 일어난 것으로 여겨집니다. 우주의 첫 시작은 너무도 뜨거웠기 때문에 중력 같은 힘들을 비롯해 모든 것이 달랐고, 그때 어떤 일이 있었는지를 일반적인 과학으로는 설명하기 어렵습니다.

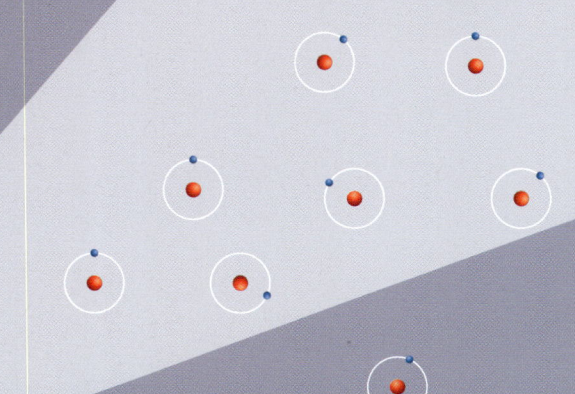

초기 우주

초기의 우주는 아주 빠른 속도로 팽창하면서 온도가 식었습니다. 원자 속 알갱이들이 최초로 만들어졌고, 이들이 결합해 원자가 만들어졌습니다.

한번 해 볼까?

펜을 이용해 풍선에 똑같은 간격으로 점을 찍습니다. 이제 풍선을 불어 어떻게 되는지 확인합니다. 풍선이 커질수록 점들은 서로 멀어집니다. 처음에 더 멀리 떨어져 있던 점들은 가까이 있던 점들보다 훨씬 더 빨리 멀어집니다. 우리가 은하를 관찰할 때도 이런 것을 볼 수 있습니다. 우리와 멀리 떨어져 있는 천체일수록 더 빠른 속도로 멀어집니다.

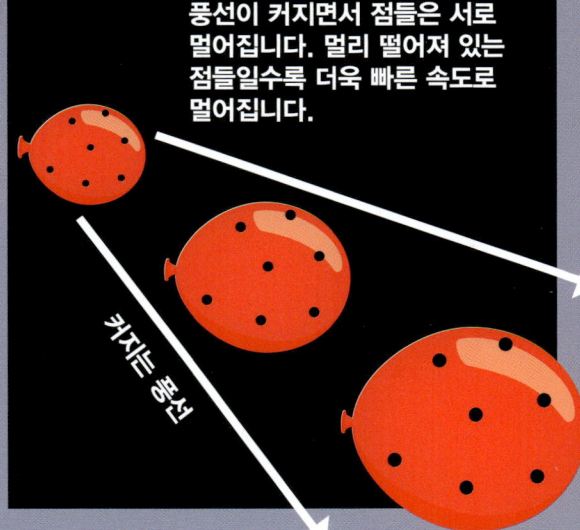

풍선이 커지면서 점들은 서로 멀어집니다. 멀리 떨어져 있는 점들일수록 더욱 빠른 속도로 멀어집니다.

별과 은하

최초의 별들은 빅뱅이 일어나고 4억 년 전쯤 뒤에 빛을 내기 시작했습니다. 별들은 한데 모여 초기의 은하들을 이루었습니다. 우리의 태양계는 빅뱅이 일어난 지 90억 년 뒤에 태양이 빛을 내기 시작하면서 생겼습니다.

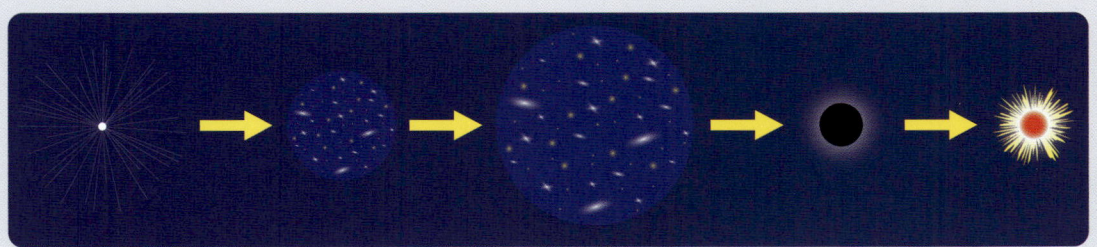

우주의 최후?

천문학자들은 우주의 최후에 대해 세 가지 이론을 내놓았습니다. 우주는 빠른 속도로 계속 팽창하다가 찢어질 수도 있습니다. 아니면 오랜 시간 동안 팽창을 계속하다가 마침내 식어서 오직 암흑만 남게 될 수도 있습니다. 그것도 아니면 팽창이 느려지다가 멈추고 은하들이 다시 빠른 속도로 모여 한데 충돌하는 대붕괴가 일어날 수도 있습니다!

육지와 바다

태양에서 오는 에너지, 숨을 쉬고 보호받을 수 있게 해 주는 대기, 그리고 물이 있기 때문에 지구는 우주에서 유일하게 생명체가 살 수 있는 곳이 되었습니다.

지구 표면의 약 71퍼센트가 바다이고 29퍼센트만이 육지입니다.

육지와 바다

우주에서 바라본 지구는 군데군데 갈색, 회색, 흰색, 녹색이 섞인 파란 공처럼 보입니다. 파란색으로 보이는 곳은 바다이고, 갈색과 회색, 흰색, 녹색은 땅덩어리들입니다.

수십억 년 전에 화산 활동으로 지구 내부에서 가스가 방출되면서 대기가 만들어졌습니다. 대기 속의 물은 혜성에서 왔을 수도 있습니다.

몇 개의 가장 큰 땅덩어리들을 대륙이라고 부릅니다. 대륙에는 북아메리카, 남아메리카, 유럽, 아시아, 아프리카, 오스트레일리아, 그리고 남극이 있습니다.

태양계의 뜨거운 탄생

초창기에 태양은 원반 같은 모양으로 먼지와 암석들에 둘러싸여 있었습니다.
이 먼지와 암석들은 한데 모여 원시 행성들이 되기 시작했습니다. 원시 행성들은 커지면서 그 중력으로 더 많은 암석들을 끌어당겼고, 암석들이 표면에 충돌해 온도가 아주 높은 행성들이 되었습니다. 지구는 오랜 시간에 걸쳐 식으면서 표면에 단단한 땅껍질이 만들어졌습니다.

85

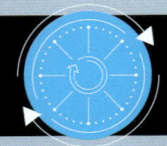

지구의 내부

지구의 표면 밑에서는 엄청난 힘들이 내부의 암석에 가해지면서 암석이 운동하고 있습니다. 그에 따라 대륙에 변화가 일어나고 있습니다.

지구의 가장 바깥쪽에는 단단한 지각이 자리 잡고 있습니다. 지각에는 해양 지각과 대륙 지각이 있습니다. 해양 지각은 대륙 지각보다 밀도가 높습니다. 지각에는 100가지에 이르는 원소들이 포함되어 있으며 그중 가장 많은 것은 산소, 규소, 알루미늄 그리고 철입니다.

지각
깊이: 0~70km
온도: 22°C
상태: 고체

해양 지각

대륙 지각

지진파에 담긴 비밀
과학자들은 지진으로 생기는 강력한 충격파가 지구의 내부를 통과하면서 어떤 특징을 보이는지 연구해 지구의 내부 구조를 알아냅니다.

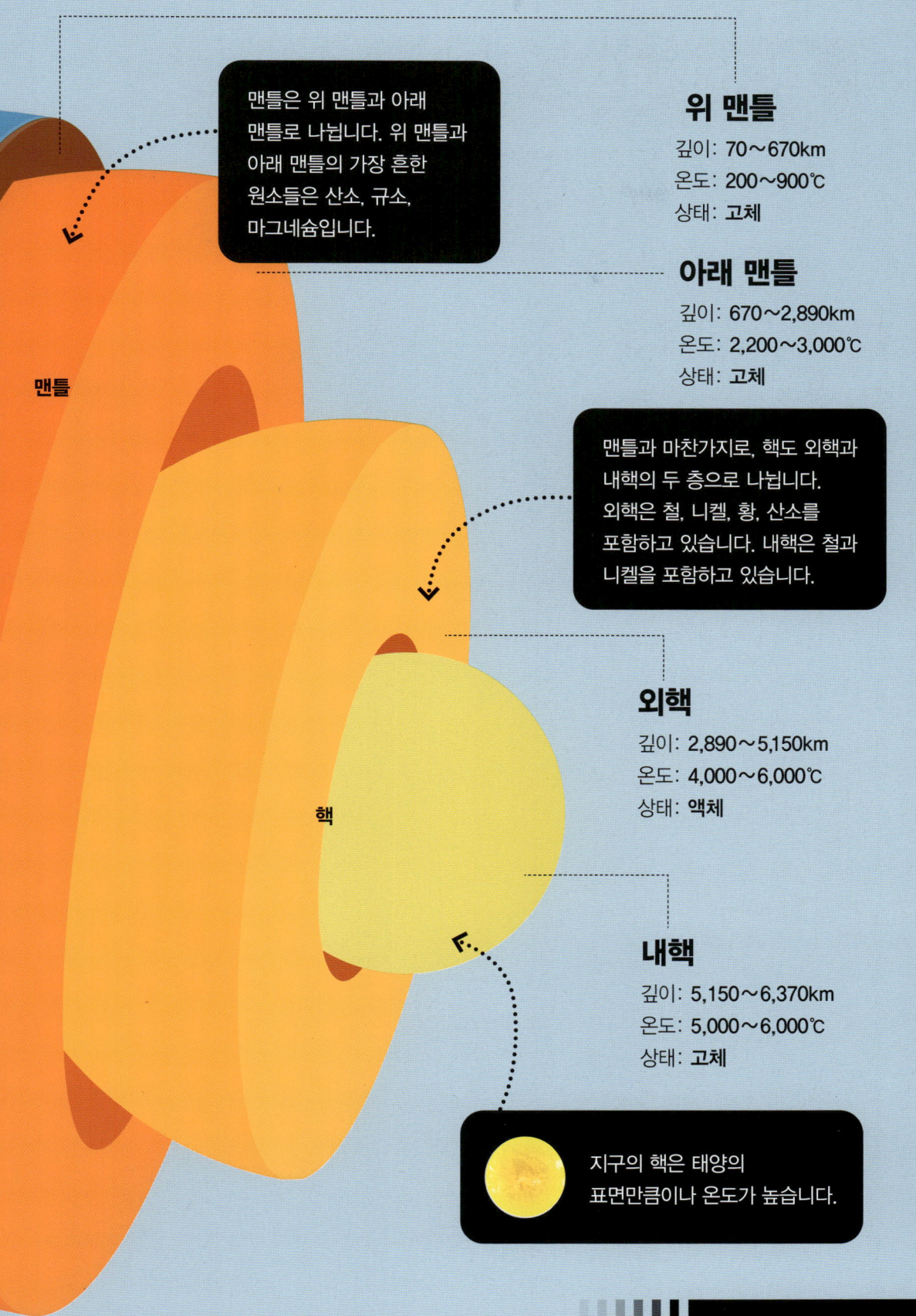

판 구조론

지구 표면의 지각은 판이라는 얇고 거대한 조각들로 갈라져 있습니다. 이 판들은 이리저리 움직이면서 서로 부딪치고, 긁히고, 갈라질 수 있으며 그 때문에 엄청난 재난이 일어나곤 합니다.

갈라진 표면

지구의 지각은 일곱 개의 큰 판과 여덟 개의 작은 판으로 갈라져 있습니다. 이 판들은 각각 1년에 0.6센티미터에서 10센티미터씩 서로 다른 속도로 움직입니다.

유라시아판과 북아메리카판은 1년에 3센티미터씩 멀어지고 있습니다. 이 속도는 사람의 손톱이 자라는 속도와도 비슷합니다.

북아메리카판 · 대서양 중앙 해저 산맥 · 유라시아판 · 북아메리카판 · 후안 데푸카판 · 아라비아판 · 카리브판 · 인도판 · 필리핀판 · 태평양판 · 태평양판 · 코코스판 · 아프리카판 · 나스카판 · 남아메리카판 · 오스트레일리아판 · 스코샤판 · 남극판

길이가 16,000킬로미터에 이르는 대서양 중앙 해저 산맥은 지구에서 가장 긴 산맥입니다. 이 산맥은 바다 밑에서 북아메리카판, 남아메리카판, 아프리카판, 유라시아판들을 경계선처럼 가르고 있습니다.

판과 판이 만나는 곳

두 개의 판이 서로 만나는 곳을 판 경계라고 합니다.

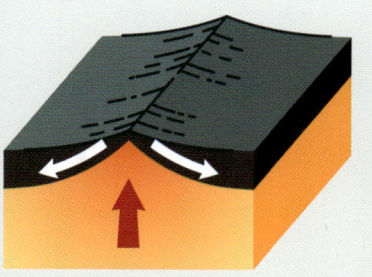 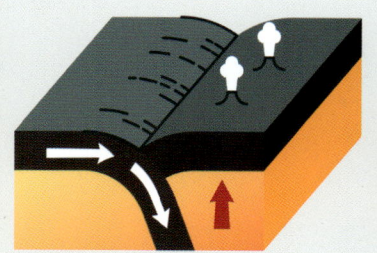 

발산 경계
두 판이 서로 멀어질 때 용암이 솟아 나와 식으면서 새로운 지각이 생깁니다.

수렴 경계
두 개의 판이 서로 충돌하는 곳입니다.

보존 경계
(변환 단층)
두 판이 서로 마찰을 일으키는 경계입니다.

바다

지각

맨틀

지진과 화산

판을 움직이는 거대한 힘은 무시무시한 재난을 일으킬 수 있습니다.

수렴 경계에서는 하나의 판이 아래쪽의 맨틀을 향해 밀립니다. 판이 내려가면서 주변의 암석들이 녹아 용암이 표면으로 솟아 화산이 만들어집니다.

다른 경계들에서는 두 판이 서로 마찰하면서 지진이 일어날 수 있습니다. 판들의 갑작스러운 움직임으로 땅이 흔들리게 됩니다.

암석의 순환

지구를 구성하는 암석들은 닳거나 이리저리 이동하거나 아주 높은 열과 압력으로 성질이 바뀌는 식으로 끊임없이 모양과 구조가 달라집니다.
이 과정은 때로 수백만 년이 걸릴 정도로 아주 느리게 진행됩니다.

암석의 종류

암석은 크게 세 가지로 나뉩니다.

화성암

용암이 땅속에서 식거나 화산 활동으로 분출되어 생긴 것입니다.

화강암   현무암   흑요암

퇴적암

작은 돌 조각이나 생물의 잔해가 바닷물과 강물에 쓸려와 쌓이고 눌려서 만들어진 것입니다. 석회암과 사암 같은 것이 있습니다.

 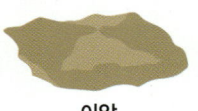 

역암   이암   석회암

변성암

열이나 압력으로 구조가 변하면서 생긴 암석입니다. 점판암과 대리석 같은 것이 있습니다.

편마암   편암   점판암

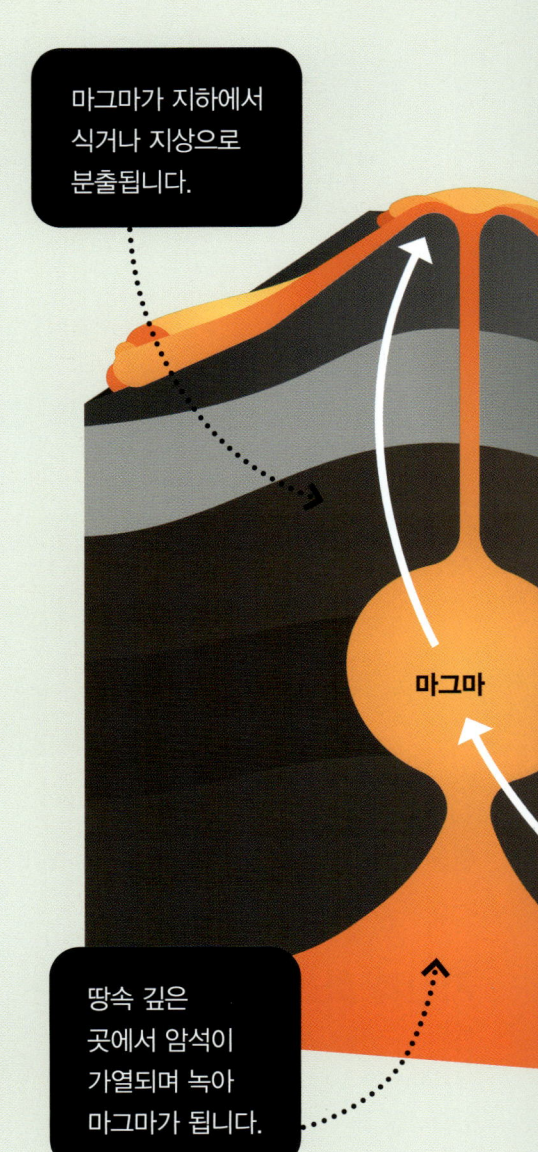

마그마가 지하에서 식거나 지상으로 분출됩니다.

마그마

땅속 깊은 곳에서 암석이 가열되며 녹아 마그마가 됩니다.

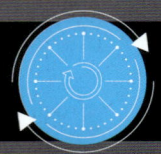

대기

지구는 공기에 둘러싸여 있습니다. 공기는 대기를 이루는 얇은 기체층입니다. 지구 표면에서 위로 올라갈수록 공기는 점차 옅어지다가 우주로 가면서 사라집니다.

공기의 구성 성분

공기에는 여러 종류의 기체가 섞여 있습니다.

- 질소 78%
- 산소 21%
- 아르곤 0.9%
- 이산화 탄소 0.04%

대기의 구조

지구의 대기는 몇 개의 층으로 이루어져 있습니다.

성층권
50km까지
태양에서 날아오는 해로운 자외선을 흡수해 주는 오존층이 여기에 있습니다.

대류권
0~14.5km
대기의 맨 아래층인 대류권은 가장 밀도가 높은 층이며, 거의 모든 날씨 현상이 여기에서 일어납니다.

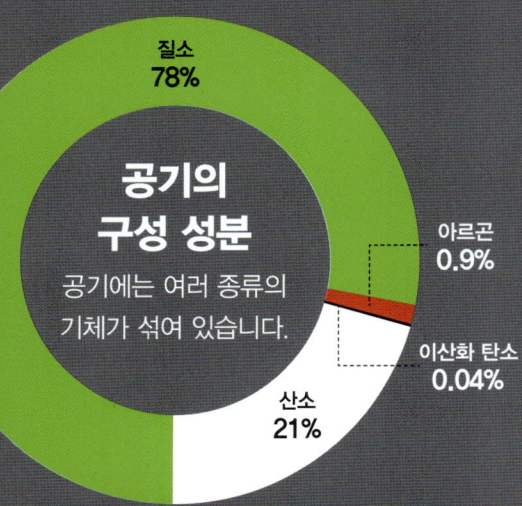

대류권은 대기 전체 질량의 75퍼센트를 차지하며 수증기의 대부분을 포함하고 있습니다.

지구

중간권
85km까지
대부분의 유성들이 대기와의 마찰로 불타 버리는 곳입니다.

태양 광선은 지구 표면에서 반사됩니다.

온실가스들은 광선의 일부를 지구 표면으로 다시 반사시킵니다.

태양

지구

대기

온실 효과

지구의 대기는 태양에서 오는 복사선의 많은 부분을 흡수해 지구를 따뜻하게 하는 이불 같은 역할을 합니다. 이를 온실 효과라고 합니다. 온실 효과가 없다면 지구는 우주 속의 얼어붙은 눈덩이가 됐을 것입니다! 하지만 이산화 탄소와 메탄 같은 기체들이 늘어나면 온실 효과가 커져 온도가 올라가기 시작합니다. 그 때문에 지구 온난화와 기후 변화가 일어나게 됩니다.

열권
600km까지
밝게 빛나는 오로라가 나타나는 곳이며, 인공위성들이 대부분 여기에서 궤도를 돌고 있습니다.

외기권
10,000km까지
대기권에서 가장 바깥쪽에 있습니다.

우주

 # 물 순환

지구에서 물은 고체인 얼음, 액체인 물, 기체인 수증기라는 세 가지 상태로 존재합니다. 물은 물 순환이라는 과정으로 지구 곳곳을 누비며 놀라운 변화를 겪습니다.

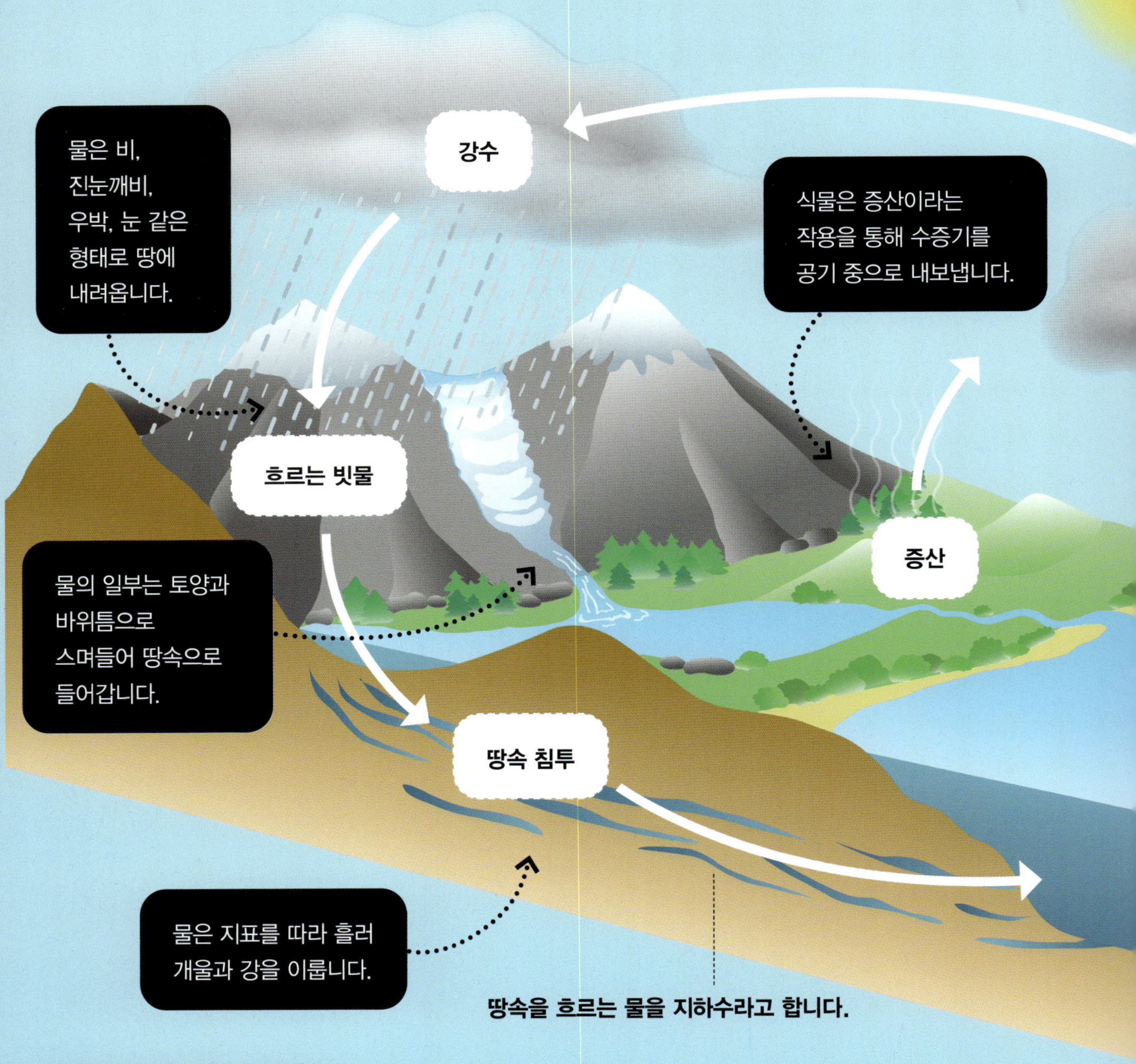

강수

물은 비, 진눈깨비, 우박, 눈 같은 형태로 땅에 내려옵니다.

식물은 증산이라는 작용을 통해 수증기를 공기 중으로 내보냅니다.

흐르는 빗물

증산

물의 일부는 토양과 바위틈으로 스며들어 땅속으로 들어갑니다.

땅속 침투

물은 지표를 따라 흘러 개울과 강을 이룹니다.

땅속을 흐르는 물을 지하수라고 합니다.

한번 해 볼까?

커다란 그릇 한가운데에 컵을 놓고 2센티미터 정도의 높이로 물을 그릇 바닥에 붓습니다. 그릇 위쪽에 비닐 랩을 씌우고 랩 가운데에 작은 돌멩이 하나를 올려놓습니다. 그릇을 햇빛이 잘 드는 곳에 둡니다. 그릇 바닥의 물이 증발해 랩에 물방울로 맺히다가 컵으로 떨어지는 것을 이틀 정도에 걸쳐 관찰합니다.

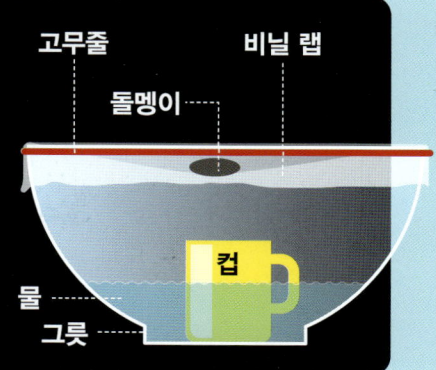

공기 중의 수증기가 식으면 구름을 만드는 미세한 작은 방울로 맺히기 시작합니다.

응결

증발

태양 에너지가 호수와 바다 표면의 물을 수증기로 증발시킵니다.

물의 분포

지구의 물은 대부분이 바다에 있고 일부만 민물로 존재하며, 우리가 마실 수 있는 물은 그보다도 훨씬 더 적은 양입니다.

- 바다 96.54%
- 극지방의 얼음, 빙하, 만년설 1.74%
- 지하수 1.69%
- 호수 0.013%
- 대기 0.001%
- 습지 0.0008%
- 강 0.0002%
- 생체 내 0.0001%

지구에 있는 모든 물을 한데 모으면 지름 1,385킬로미터의 커다란 공을 채울 수 있습니다.

날씨와 기후

날씨는 비, 눈, 햇빛, 바람과 같은 그날그날의 자연조건들입니다. 기후는 어떤 곳에서 오랜 시간에 걸쳐 경험하게 되는 날씨 조건들 전체를 가리킵니다.

적도가 더운 이유

태양이 지구를 데우면 지구 표면의 온도가 오르면서 그 위의 공기가 더워집니다. 하지만 지구는 공 모양이기 때문에 태양의 복사 에너지가 표면에 고르게 도달하지 못합니다. 극지방이 받는 에너지는 적도 지방이 받는 에너지보다 훨씬 적습니다.

햇빛은 극지방에 가까울수록 넓은 지역을 덥힙니다.

햇빛은 적도에 가까울수록 좁은 지역을 덥힙니다.

적도

기후대

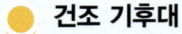 지구에는 기후대라고 부르는 다섯 개의 기후 지대가 있습니다.

🔴 **열대 기후대**
적도 위아래에 위치한 지역입니다. 태양 에너지를 가장 많이 받고 기온이 가장 높습니다.

🟡 **건조 기후대**
비가 거의 내리지도 않고, 내린 비도 바로 증발해 버리는 지역들입니다.

🟢 **온대 기후대**
추운 겨울과 더운 여름이 있고 일 년 중 언제든 비가 내리곤 합니다.

 대륙성 기후대
아주 추운 겨울과 함께 덥거나 온화한 여름이 있습니다.

🔵 **한대 기후대**
열대 기후대와는 가장 먼 지역에서 발견됩니다. 1년 내내 춥습니다.

서식지

사막의 건조한 환경이나 온대 기후대의 습한 숲에도 그 환경 속에서 살아가는 다양한 동식물들이 있습니다.

극지 사막
북극과 남극 부근에서 발견되는 극지 사막에는 식물이 거의 없지만 얼마간의 동물들이 살면서 혹독한 환경에 적응했습니다.

툰드라
극지방의 가장자리에 자리 잡은 툰드라 지역은 나무가 자라지 않으며 땅 바로 밑은 1년 내내 얼어 있습니다.

타이가
타이가는 한대 지방이나 높은 산 같은 곳에서 볼 수 있는 침엽수림 지역이며, 아시아와 유럽, 북아메리카의 북쪽에 걸쳐 띠 모양으로 자리 잡고 있습니다.

혼성림
사계절이 있는 온화한 기후를 가진 혼성림 지역에서는 가을에 낙엽이 떨어지는 활엽수와 늘푸른나무가 모두 자랍니다.

산지
고도에 따라 환경이 다양하게 달라지는 산악 지대입니다.

사바나
세계의 열대 지방들에서 볼 수 있는 초원 지대입니다.

스텝
온대의 초원인 스텝은 큰 대륙의 중심부에 많은 편이며, 아시아의 스텝, 남아메리카의 팜파스, 북아메리카의 프레리 같은 곳들이 여기에 포함됩니다.

지중해성 기후대
겨울과 여름이 다 있으며 강수량이 다양하게 나타납니다. 떨기나무들을(주로 밑동에서 가지를 치는 키 작은 나무들을 이렇게 부릅니다.) 비롯한 작은 나무들이 주로 자랍니다.

우림
1년 내내 많은 비가 내리는 지역들입니다. 대개는 아마존 분지처럼 열대 지방에서 많이 볼 수 있지만 미국 북서부의 우림처럼 온대 지방에서도 볼 수 있습니다.

사막
1년 강수량이 250밀리미터가 안 되는 지역들입니다. 사하라 사막의 경우처럼 주로 열대 지방에 있지만, 남극 같은 추운 지역에도 있습니다.

기후 변화

오랜 역사 동안 지구의 기후는 더운 시기와 추운 시기를 거치며 변해 왔습니다. 하지만 과학자들은 지난 100년 사이에 지구의 기온이 빠르게 올랐으며 이것이 인간의 활동 때문이라는 것을 발견했습니다.

온실가스의 발생

이산화 탄소를 비롯한 온실가스가 지난 100년에 걸쳐 크게 늘어났습니다. 이 가스들은 태양의 열에너지를 대기에 더 많이 잡아 두기 때문에 지구 전체의 기온이 오릅니다. 과학자들의 연구에 따르면 이런 온실가스 증가는 산업을 비롯한 인간의 활동이 원인입니다.

농업   임업   공업   발전

지구에 미치는 영향

지구 온난화는 전 세계에 큰 재난을 일으키고 있습니다. 극지방의 거대한 얼음장과 빙산이 녹아내리고, 바다의 수면이 높아지고, 이상 기후가 잦아지고 있습니다.

남극에서는 매년 2790억 톤의 얼음이 사라지고 있고, 그린란드의 얼음도 매년 1480억 톤씩 사라지고 있습니다.

기후 변화에 관한 정부 간 협의회(IPCC)는 1,300명의 독립된 과학 전문가로 이루어진 기구입니다. 이 기구는 **지구 온난화의 원인이 인간일 확률이 적어도 95퍼센트**라는 결론을 내렸습니다.

지난 150년 동안 대기 중의 이산화 탄소 수치는 280피피엠에서 415피피엠으로 높아졌습니다.

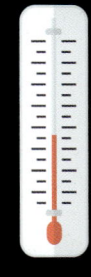

지난 19세기 이후로 지구 표면의 평균 온도가 1.1도가량 상승했습니다.

쓰레기와 폐수

교통

주택과 빌딩들

바다가 매년 평균 3.3밀리미터씩 높아지고 있습니다.

99

생물 분류

과학자들은 생물을 모양과 행동에 따라 여러 무리로 나눕니다. 가장 큰 무리는 계입니다. 그 밑에 속하는 작은 무리로 내려가면 종이 있습니다.

계 - 동물

문 - 척추동물

강 - 포유강

목 - 식육목

과 - 곰과

속 - 큰곰속

종 - 아메리카흑곰

생물에는 다섯 개의 계가 있습니다.

동물계

식물계

균계

원생생물계
(아메바, 클로렐라, 말라리아 원충)

원핵생물계
(세균류, 남조류)

세포

아주 작은 세균에서부터 지구상에서 가장 큰 동물인 거대한 대왕고래에 이르기까지 세포는 모든 생물의 기본 단위입니다.

식물 세포

식물의 세포는 일정한 모양이 있고 대개는 튼튼한 벽에 둘러싸여 있습니다.

엽록체
이산화 탄소와 물을 이용해 광합성으로 탄수화물을 만들 때 필요한 녹색 물질인 엽록소를 포함하고 있습니다.

세포벽
셀룰로스 성분으로 된 튼튼한 바깥벽입니다.

액포
영양물질을 담은 방울 같은 주머니이며 세포의 모양을 유지하는 역할을 합니다.

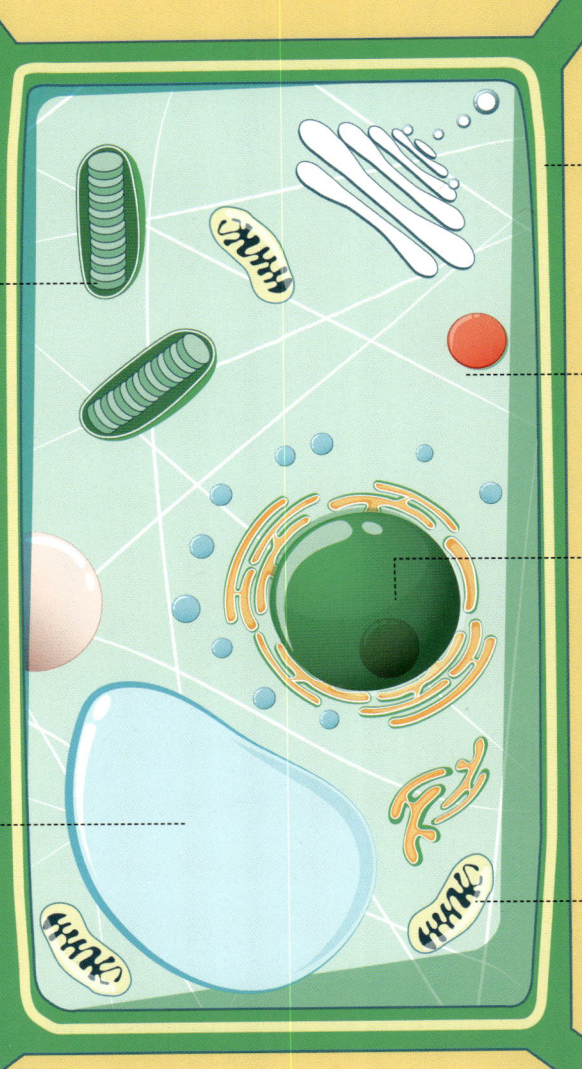

세포질
젤리 같은 물질이며, 세포의 반응들이 여기에서 일어납니다.

핵
세포의 유전 정보를 담고 있는 세포 기관이며, 어떤 일을 할 것인지를 세포에 알리는 역할을 합니다.

사람 몸에서 가장 긴 세포는 척추 아래쪽에서 시작해 발가락까지 이어지는 신경 세포들입니다. 성인의 경우 그 길이가 1미터에 이르기도 합니다.

동물 세포

신호를 온몸에 전달하는 길고 가느다란 신경 세포에서부터 넓고 둥근 난세포에 이르기까지 동물 세포는 역할에 따라 모양이 다양합니다.

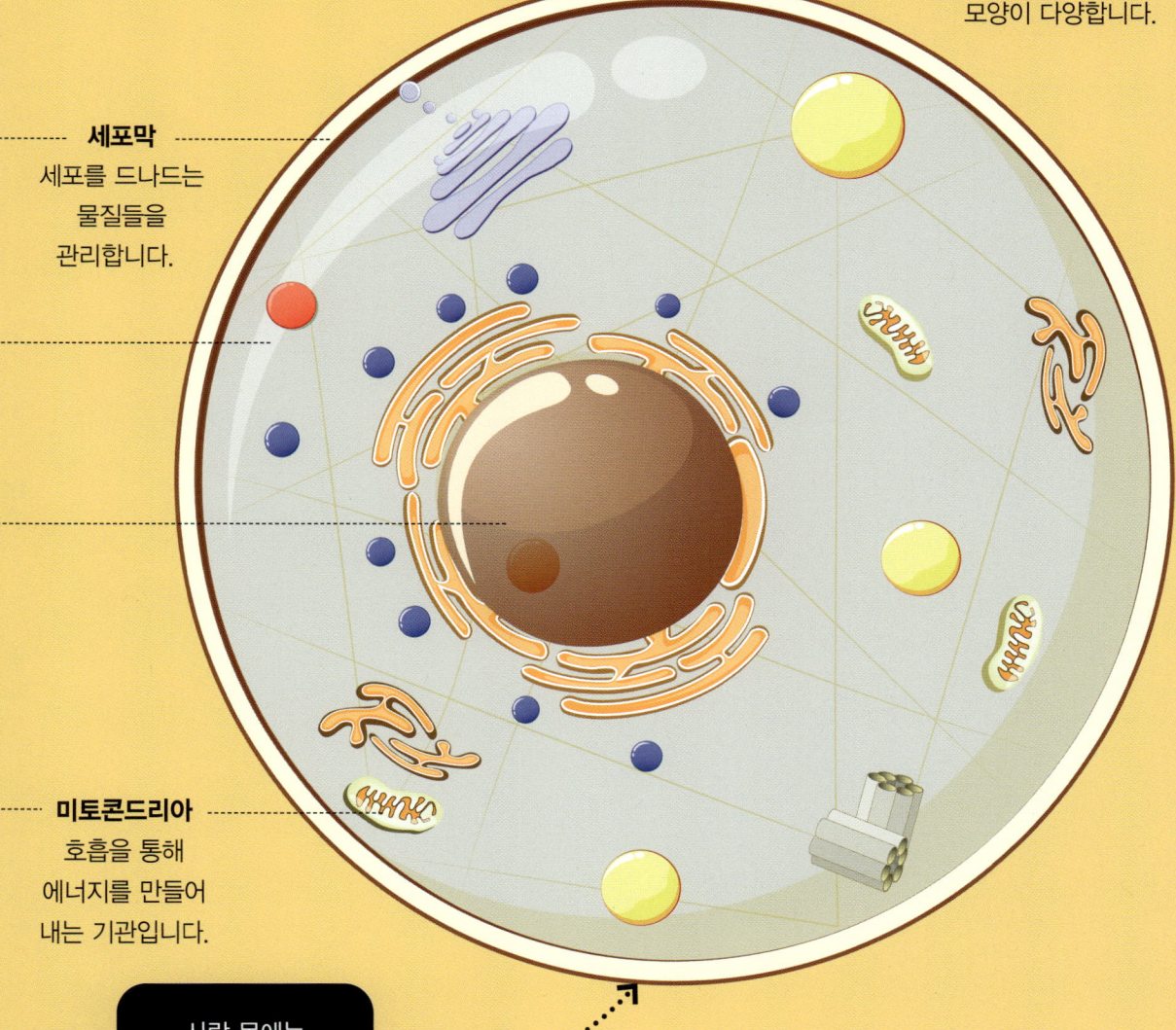

세포막
세포를 드나드는 물질들을 관리합니다.

미토콘드리아
호흡을 통해 에너지를 만들어 내는 기관입니다.

사람 몸에는 약 **37조 개**의 세포가 있습니다.

103

DNA와 유전자

살아 있는 모든 세포의 핵 속에는 그 세포가 어떻게 자라서 어떤 기능을 할지 알리는 화학적인 정보가 있습니다. 이 정보는 데옥시리보 핵산, 간단히 DNA라고 하는 복잡한 화학 물질에 담겨 있습니다.

이중 나선

DNA는 사다리 모양에서 양쪽 두 개의 긴 가닥이 서로 꼬인 이중 나선 구조를 하고 있습니다. 네 가지 물질(아데닌, 구아닌, 사이토신, 티민) 중 두 개가 한 쌍을 이룬 짧은 가닥들은 긴 가닥들을 중간에서 연결하고 있습니다. 이 화학 물질들의 순서가 유전 정보 또는 유전자가 됩니다.

- 아데닌
- 구아닌
- 사이토신
- 티민

유전자와 유전

유전자는 각 세포가 어떤 모습을 하고 어떤 작용을 할 것인지를 나타냅니다. 이는 해당 생물의 전체적인 모습도 좌우합니다. 유전자들은 한 세대에서 다음 세대로 유전되어 전해집니다. 이것은 여러분이 머리카락이나 눈 색깔 같은 특징들을 부모님에게서 물려받는다는 뜻입니다.

한번 해 볼까?

여러분의 신체적인 특징들을 표로 정리해 부모님과 비교해 봅시다. 여러분의 어떤 특징들을 아버지나 어머니 어느 쪽에서 물려받았는지 알겠나요?

사람 세포 속에 감겨 있는 DNA를 펼치면 길이가 **2미터**에 이릅니다.

조직과 기관

비슷한 구조를 가진 세포들은 한데 모여 조직을 이룹니다. 조직은 생물체 안에서 어떤 특정한 역할을 수행합니다. 조직들은 합쳐져서 기관을 이루고, 다시 기관들이 합쳐져 계통을 이룹니다.

조직의 종류

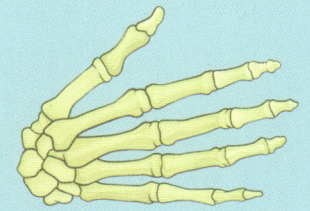

근육 조직
길이가 짧아지는 수축 작용을 통해 동물이 팔다리를 움직일 수 있게 합니다.

뼈 조직
동물이 몸 형태를 유지할 수 있게 하는 단단한 조직입니다.

관다발 조직
식물이 물과 양분을 운반하는 데에 쓰는 관들입니다.

기관

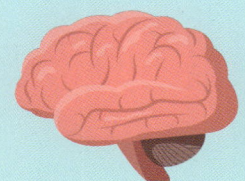

피부
피부는 사람 몸에서 가장 많은 부분을 차지하는 기관으로 피부 세포, 땀샘, 머리카락을 포함합니다.

뇌
동물의 머리 속에 있는 뇌는 신경 세포와 그 밖의 조직들로 이루어집니다. 몸 곳곳에서 오는 신호들을 받은 뇌는 이에 대한 반응을 몸에 지시합니다.

잎
식물의 광합성이 일어나는 곳이며, 공기 중의 이산화 탄소를 흡수하고 산소를 내보냅니다.

한번 해 볼까?

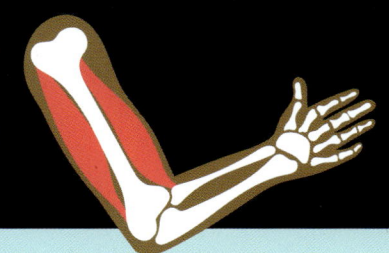

근육들은 대개 서로 반대 방향으로 당기는 근육들이 쌍을 이루어 움직입니다. 위팔의 움직임으로 이것을 확인해 볼 수 있습니다. 팔을 구부릴 때는 팔 앞쪽 근육들(이두근)이 수축하지만, 팔을 펼 때는 팔 뒤쪽 근육들(삼두근)이 수축합니다. 이렇게 한데 어울려 우리 몸을 양방향으로 움직일 수 있게 해 주는 근육 쌍들을 더 찾아보세요.

신체 계통

인간을 비롯해 모든 동물에서 발견되는 세포, 조직, 기관들은 한데 결합해서 계통들을 이루며, 동물이 생명과 건강을 유지하게 하는 역할을 합니다.

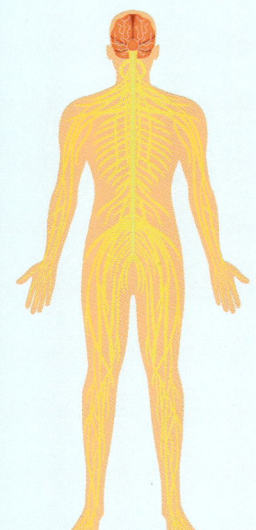

신경 계통

우리 몸 전체에 뻗어 있는 아주 작은 신경 세포들은 우리 몸 곳곳과 외부 세계의 신호들을 수집해 뇌에 전달합니다. 그리고 여기에 어떻게 대응하라는 명령들을 근육과 호르몬샘 같은 다른 부분에 보냅니다.

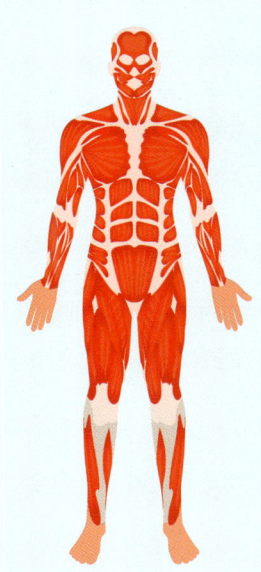

근육 계통

우리 몸은 뼈대에 붙은 근육들의 수축 작용에 의해 움직입니다. 또한 소화 기관에도 근육이 있습니다. 이 근육들은 몸속에서 음식물을 이동시키며, 어떤 혈관들을 수축시킴으로써 피가 몸에서 가장 필요한 곳으로 쉽게 이동할 수 있게 하는 역할도 합니다.

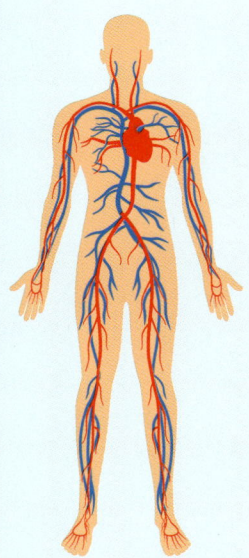

순환 계통

심장은 우리 몸에 그물처럼 퍼져 있는 핏줄들의 중심에 있는 근육입니다.
이 핏줄들은 우리 몸의 세포들을 위해 산소와 양분들을 실어 나릅니다. 그리고 이산화 탄소와 그 밖의 노폐물들을 모아 몸 밖으로 내보내는 일도 합니다.

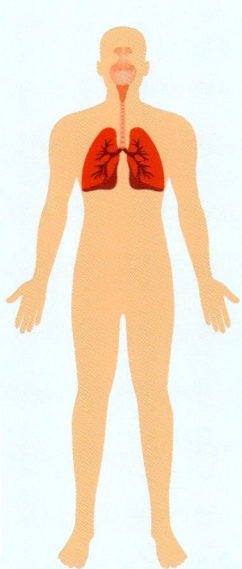

호흡 계통

우리 가슴 안에 위치한 두 개의 주머니인 허파는 우리 몸이 산소를 흡수할 수 있도록 팽창해 바깥 공기를 빨아들인 후, 다시 수축하면서 이산화 탄소를 몸 밖으로 내보냅니다.

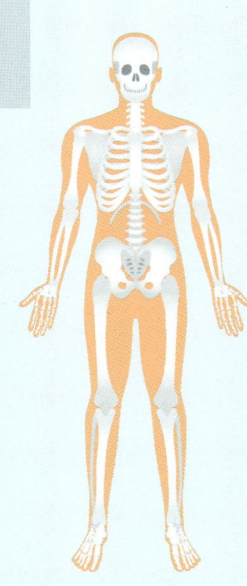

골격 계통

200개가 넘는 뼈로 이루어진 골격 계통은 우리 몸을 똑바로 지탱하고 우리가 자유롭게 돌아다닐 수 있게 합니다. 몸의 가장 중요한 기관들을 보호하는 것도 골격 계통의 역할입니다. 예를 들어 두개골을 이루는 뼈들이 뇌를 보호하고 있습니다.

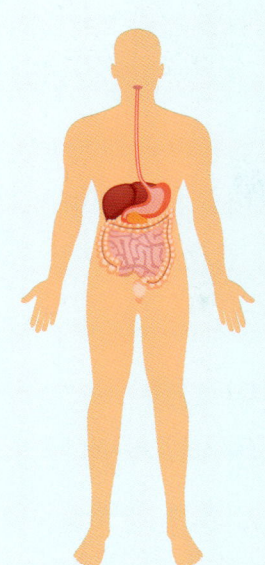

소화 계통

입에서 시작해 항문까지 이어지는 긴 관입니다. 우리 몸에서 음식물을 흡수해 이용할 수 있도록 음식물을 잘게 분해하는 역할을 합니다.

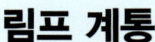

림프 계통

림프 계통은 몸의 세포에서 나오는 액체 노폐물을 운반하는 그물처럼 퍼져 있는 관들입니다. 우리 몸의 백혈구 세포들도 여기에 많이 모여 있습니다. 백혈구는 병균에 감염되거나 병에 걸리는 것을 막는 데에 결정적인 역할을 합니다.

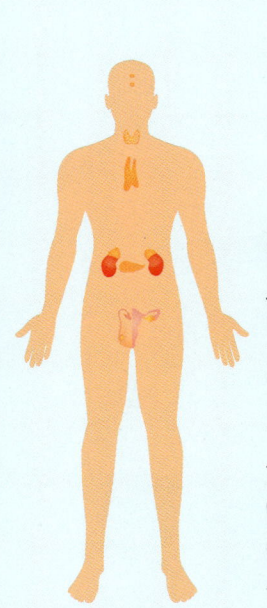

내분비 계통

몸속 장기들과 샘들로 이루어진 내분비 계통은 호르몬이라는 화학 물질을 만들어 냅니다. 전령 역할을 하는 이 화학 물질들은 피 속의 당분 수치를 조절하고(인슐린), 우리의 몸이 충격에 반응할 수 있게 하고(아드레날린), 잠을 푹 잘 수 있게 (멜라토닌) 하는 것을 비롯해 몸 안에서 중요한 조절 기능들을 담당합니다.

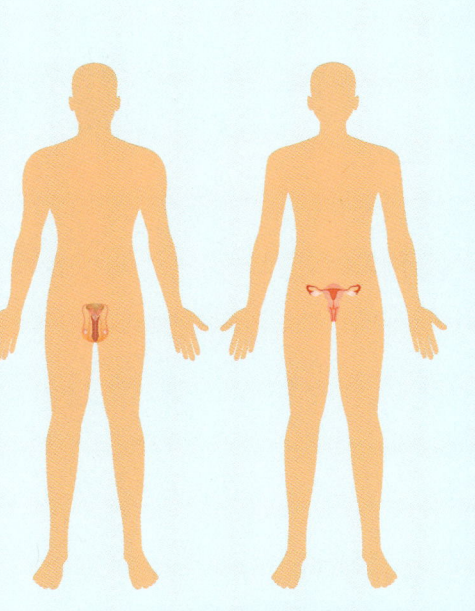

생식 계통

인간은 유성 생식을 통해 번식합니다. 유성 생식은 수컷의 세포(정자)와 암컷의 세포(난자)가 결합하는 식으로 이루어집니다. 남자의 생식 기관에는 음경과 고환이 있고, 여자의 생식 기관에는 자궁과 난소가 있습니다.

먹이 사슬

생물들은 그물처럼 복잡하게 얽힌 생태계에서 함께 살고 있습니다. 생물들은 자기 생태계의 먹이 사슬에서 저마다 다른 위치를 차지합니다. 먹이 사슬 안에서 식물은 먹이를 생산하고 동물은 다른 생물을 먹이로 삼습니다.

에너지의 전달과 먹이 사슬

먹이 사슬에 속한 생물들은 다른 생물의 먹이가 되는 식으로 다른 생물들에게 에너지를 전합니다. 얼마간의 에너지는 다음 단계로 전해지지 못하고 사라지거나 쓰입니다.
그 결과, 먹이 사슬의 위쪽으로 올라갈수록 생물의 수가 줄어들게 됩니다.

소비자(여우)

소비자(토끼)

생산자(잔디/클로버)

소비자

식물은 초식 동물에게 먹힙니다. 먹이 사슬에서 이런 동물을 1차 소비자라고 부릅니다. 이들은 육식 동물에게 먹힐 수 있고, 이 육식 동물을 2차 소비자라고 부릅니다. 2차 소비자인 동물은 3차 소비자인 다른 동물에게 먹힐 수 있습니다.

생산자

식물은 물과 햇빛으로 필요한 에너지를 만들기 때문에 생산자라고 부릅니다. 식물은 먹이 사슬의 시작점에 있습니다. 생산자는 들판의 잔디일 수도 있고, 바다나 호수의 식물성 플랑크톤일 수도 있습니다.

1차 소비자(사슴)

광합성

식물은 광합성을 통해 자신에게 필요한 에너지를 생산합니다. 이를 위해 식물은 뿌리로 흡수한 물, 공기 중의 이산화 탄소, 태양 에너지를 씁니다. 그리고 이렇게 포도당을 생산하면서 산소를 만들어 공기 중으로 내보냅니다.

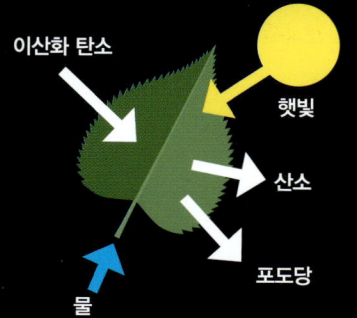

호흡

생물들은 먹이 속 포도당 따위의 에너지를 호흡이라는 과정을 통해 꺼냅니다. 이는 포도당을 공기 중의 산소와 결합시켜 에너지를 꺼내면서 물과 이산화 탄소를 만들어 내는 화학 반응입니다.

3차 소비자(늑대)

3차 소비자(사자)

한번 해 볼까?

한 생태계의 동물과 식물로 여러분만의 먹이 사슬을 직접 만들어 봅시다. 생산자에서 재활용자까지 먹이 사슬의 모든 단계가 들어가도록 해 보세요.

2차 소비자(여우)

1차 소비자(얼룩말)

재활용자

모든 생물은 결국 죽습니다. 이때 어떤 생물은 죽은 생물을 먹이로 삼습니다. 생물에 남아 있던 양분을 재활용해 땅으로 보내면 땅에서는 생산자들이 이를 다시 사용합니다.

1차 소비자(토끼)

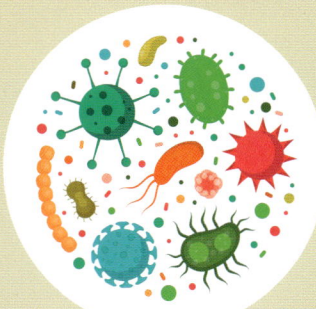

미생물

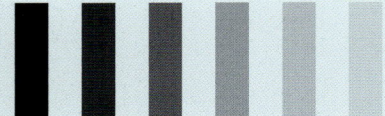

너무 작아 맨눈으로 볼 수 없는 생물들을 미생물이라고 부릅니다. 세균 외에도, 조류, 균류, 바이러스 같은 것이 여기에 포함됩니다. 미생물 가운데는 해롭지 않은 것도 있고, 어떤 것은 우리의 건강에 도움이 되지만, 어떤 것은 병을 일으키기도 합니다.

세균

세균은 하나의 세포로만 되어 있습니다. 막대 모양, 공 모양, 소용돌이 모양을 비롯해 다양한 모양의 세균이 있습니다.

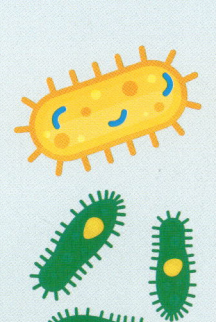

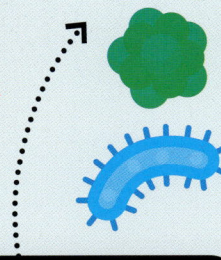

우리 몸에는 100조 개나 되는 세균이 살고 있고, 그중 많은 수는 우리가 먹는 음식을 소화시키는 데에 아주 중요한 역할을 합니다. 사실, 우리 몸에는 우리 몸을 이루는 세포보다 세균이 더 많을 수도 있습니다.

바이러스

바이러스는 세균보다 훨씬 더 작습니다. 바이러스가 살아 있는 세포 안에서만 번식할 수 있다는 점 때문에 바이러스를 생물로 보지 않는 과학자들도 많습니다.

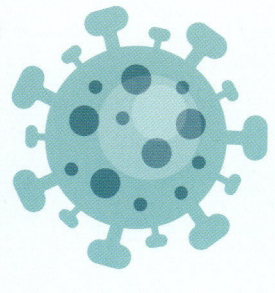
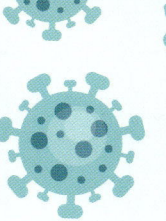

조류

조류는 식물처럼 광합성으로 양분을 만듭니다. 조류는 물이나 흙은 물론이고 썩어 가는 식물에서도 발견되곤 합니다.

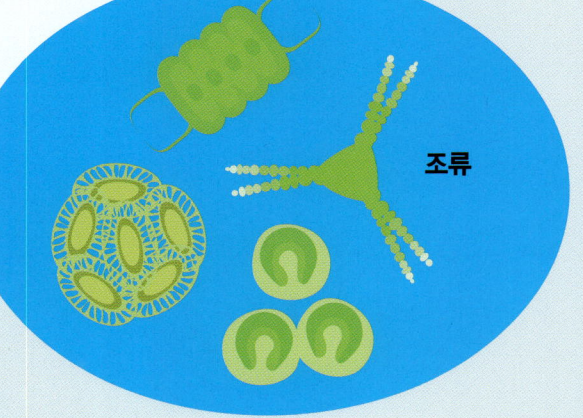

조류

균류

균류에는 버섯, 곰팡이, 효모 같은 것이 있습니다. 균류는 죽은 생물을 분해해 양분을 먹이 사슬로 다시 보내는 역할을 합니다.

> 균류의 홀씨는 대기의 높은 층에서 부는 바람을 타고 멀리까지 날아갈 수 있습니다.

> 버섯은 어떤 균류가 공기 중으로 보낼 홀씨를 만들기 위한 영양체입니다.

홀씨

균류의 번식

균류는 홀씨라는 특수한 세포를 만들어 번식합니다. 작은 홀씨는 바람이나 물, 또는 작은 동물의 힘으로 멀리 이동할 수 있습니다. 균류는 습한 곳에서 잘 자랍니다. 습기가 많은 곳에 떨어진 홀씨는 새로운 균류로 자랄 수 있습니다.

버섯

균사

균사체

균류의 양분

어떤 균류는 죽은 생물체를 먹이로 삼지만, 또 어떤 것은 살아 있는 생물에 기생합니다. 어떤 경우든, 균류는 자신이 먹이로 삼는 생물의 몸을 양분으로 분해해 소화하기 위해 효소라는 특수한 화학 물질을 만들어 냅니다.

균사 가닥들의 덩어리

균류는 잎, 줄기, 뿌리 같은 특징들이 없는데도 옛날에는 식물로 분류한 적이 있습니다. 사실, 균류는 균사라는 가느다란 가닥들의 덩어리입니다.

111

식물

아주 작은 이끼에서 거대한 나무에 이르기까지 다양한 식물들이 있습니다. 식물은 동물이 사는 데 필요한 산소의 대부분을 생산하는 중요한 역할을 합니다.

식물의 종류

이끼
이끼는 단순한 형태의 식물입니다. 이끼는 물과 양분을 운반하는 관다발을 가지고 있지 않으며, 뿌리와 잎도 없습니다.

양치식물
양치식물은 물과 양분을 전달하는 관다발을 가진 관다발 식물입니다. 양치식물에는 잎과 뿌리가 있지만 꽃을 피우지는 않습니다.

꽃식물
꽃식물은 꽃을 피우는 식물이며 꽃은 대개 곤충과 작은 동물들을 끌어들이기 위한 것입니다. 이런 동물들이 꽃가루를 다른 곳으로 운반해 주기 때문에 식물이 번식하며 개체 수를 늘릴 수 있습니다.

나무
나무는 바깥 껍질층으로 둘러싸인 굵은 줄기를 가지고 있습니다. 나무는 줄기에서 가지들이 성장해 나오고 이 가지들이 거듭 갈라지는 과정을 되풀이하면서 성장합니다. 나뭇가지에서는 잎들이 자라 나와 가지를 둘러쌉니다.

식물의 번식

식물은 꽃가루를 다른 개체의 암술에 옮겨 주는 '가루받이'를 통해 번식합니다. 이런 유성 생식 과정에서 씨가 만들어집니다. 씨는 어미 식물에서 떨어져 나온 뒤에 독립된 식물로 자라게 됩니다.

민들레씨

식물은 무성 생식으로 번식하기도 합니다. 꽃가루와 암술이 만나는 과정이 없이 바로 자신을 복제하는 것입니다. 이런 무성 생식은 알뿌리(수선화), 덩이줄기(감자), 줄기(딸기) 따위를 만들어 내는 식으로 이루어집니다.

수선화 알뿌리

씨 퍼뜨리기

어미 식물들은 번식으로 생겨난 식물들이 햇빛과 물을 놓고 어미인 자신과 경쟁하는 일이 없도록 씨를 최대한 멀리 보낼 필요가 있습니다. 식물은 씨를 퍼뜨리기 위해 아주 다양한 방법을 진화시켜 왔습니다. 어떤 식물은 꼬투리에서 씨를 튕겨 내고, 어떤 식물은 갈고리나 끈끈한 표면이 있는 씨를 지나가는 동물에 달라붙게 합니다. 또 과일에 들어 있는 씨의 경우처럼, 열매를 먹은 동물이 나중에 다른 곳에서 배설물을 통해 씨를 내보내는 식으로 씨가 퍼지기도 합니다.

벌 한 마리가 단 하루 만에 꽃 5천 송이에 접촉할 수 있습니다.

인도양의 세이셸에서 자라는 바다야자는 씨의 크기가 세계에서 가장 큽니다. 더블코코넛이라고도 하는 이 야자의 씨는 크기가 축구공보다도 크고 무게가 25킬로그램에 이르기도 합니다.

무척추동물

무척추동물은 등뼈가 없는 동물입니다. 해파리나 기생충 같은 동물은 몸이 연한 조직으로만 되어 있습니다. 그리고 곤충과 거미, 게 따위의 동물은 외골격이라는 단단한 껍데기에 싸여 있습니다.

문어

연체동물
달팽이나 홍합 같은 연체동물은 단단한 껍데기를 가지고 있지만 문어나 오징어 같은 연체동물은 연한 조직만으로 되어 있습니다.

홍합

해면동물
해면동물들은 아주 단순하게 대롱 모양으로 생겼습니다. 연한 조직으로 되어 있기도 하지만 몸을 지탱하는 단단한 구조를 가진 경우도 있습니다. 해면동물은 서식하는 곳에서 물을 빨아들인 후 양분을 걸러서 먹고 삽니다.

자포동물
여기에는 해파리, 말미잘, 산호 같은 것이 있습니다. 자포동물은 무엇인가에 건드려질 때 독을 내쏘는 특수한 가시 세포를 가지고 있습니다.

해파리

125만 가지의 무척추동물 종들이 지금까지 확인되어 이름이 생겼지만 **3천만 가지**나 되는 많은 종들은 아직도 발견되기를 기다리고 있습니다.

불가사리

거미류

거미나 전갈 같은 것이 거미류에 속합니다. 마디가 있는 다리 여덟 개가 있고, 먹이를 잡기 위한 날카로운 입을 가지고 있습니다.

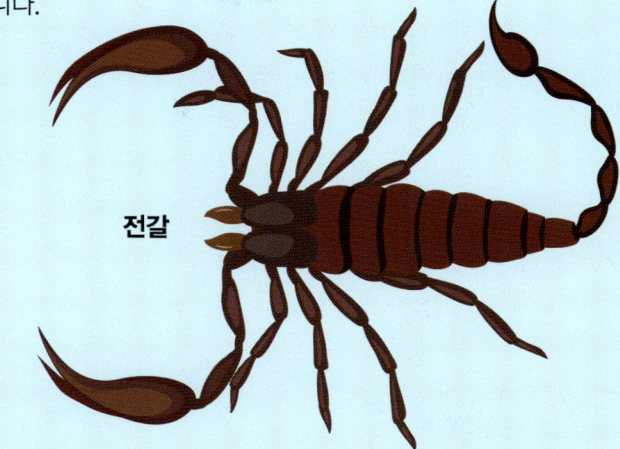
전갈

극피동물

극피동물은 피부에 가시가 있는 동물이라는 뜻이며, 성게와 불가사리 같은 동물이 여기에 속합니다. 어떤 극피동물은 몸 일부가 손상됐을 때 다시 자라게 하는 능력이 있습니다.

연형동물

연형동물은 길고 물렁물렁한 몸통을 가지고 있습니다. 지렁이 같은 환형동물들을 비롯해 편충, 회충 같은 것이 여기에 속합니다.

> 지구상의 모든 동물 종 가운데 **약 97퍼센트**가 무척추동물에 속합니다.

갑각류

단단한 껍데기를 가지고 있고 대개 물에서 삽니다. 게, 바닷가재, 새우, 따개비 같은 것이 있습니다.

게

벌

다지류

지네와 노래기 같은 다지류 동물은 몸이 길고 껍데기에 싸여 있으며, 작은 마디들로 나뉘어 있습니다. 지네는 마디마다 한 쌍의 다리가 있고, 노래기는 마디마다 다리가 두 쌍이 있습니다.

곤충

곤충은 외골격과 다리 여섯 개를 가지고 있습니다. 곤충은 무척추동물 가운데 수가 가장 많고 종류도 가장 많습니다. 벌, 나비, 딱정벌레 같은 것이 여기에 속합니다.

척추동물

등뼈가 있는 동물을 척추동물이라고 합니다. 조류, 파충류, 포유류가 여기에 속하며, 손톱만 한 작은 개구리에서부터 거대한 대왕고래에 이르기까지 몸 크기가 다양합니다.

어류

척추동물인 어류는 아가미를 이용해 물에서 산소를 얻습니다. 대다수의 어류는 단단한 뼈대를 가지고 있지만, 상어를 비롯한 어떤 어류들은 뼈대가 물렁뼈로 되어 있습니다. 어류는 체온을 일정하게 조절하는 능력이 없는 찬피 동물입니다.

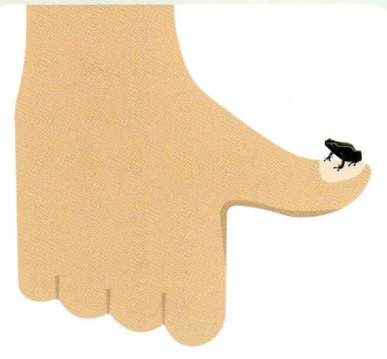

지금까지 발견된 가장 작은 척추동물은 파이도프리네 아마우엔시스라는 작은 개구리입니다. 뉴기니의 우림 지대에서 발견되는 이 개구리는 몸길이가 겨우 7.5밀리미터 정도입니다.

양서류

양서류에 속하는 동물들은 땅과 물에서 모두 살 수 있습니다. 하지만 알은 대개 물에 낳습니다. 물고기와 마찬가지로 찬피 동물입니다.

파충류

파충류는 몸이 비늘로 덮여 있습니다. 대부분의 파충류는 껍질이 단단한 알을 낳지만, 어떤 것은 몸속 알에서 깨어난 새끼를 낳기도 합니다. 파충류는 찬피 동물입니다.

대왕고래는 몸길이가 30미터까지도 자라는 포유류입니다. 지구에 이제껏 살았던 동물 가운데 가장 큽니다.

사람

조류

조류는 체온을 일정하게 유지하는 정온 동물입니다. 조류는 껍질이 단단한 알을 낳으며, 몸은 깃털로 덮여 있습니다. 모든 조류는 날개가 있고 대부분 날아다닐 수 있습니다.

포유류

포유류는 몸이 털이나 털가죽에 싸여 있으며 젖을 먹여 새끼를 키웁니다. 조류와 마찬가지로 포유류도 체온을 일정하게 유지하는 정온 동물입니다.

진화와 멸종

지구에 생물이 등장한 것은 35억 년 전에 세균이 진화하면서부터였습니다. 그 후, 생물들은 성장하고 늘어나면서 지구 곳곳에서 살아남아 번성해 왔고, 모양과 크기가 엄청나게 다양해졌습니다.

적자생존

생물은 주어진 환경에서 살아남아야만 번식할 수 있습니다. 환경에 더 잘 적응하는 생물들이 번식에 성공할 가능성이 높습니다. 덜 적응한 다른 생물들은 사라질 가능성이 높습니다. 이를 자연 선택이라고 합니다. 우리 지구에 살고 있는 수많은 종류의 생물이 진화해 온 것은 자연 선택의 결과입니다.

기린은 높은 나무에 있는 잎을 먹을 수 있도록 목이 길게 진화해 왔습니다.

유전자 돌연변이

생물의 세포들은 분열할 때 새로운 세포들을 위한 DNA를 복제합니다. 하지만 복제되는 과정에서 돌연변이라는 오류가 일어나 원본과 살짝 다른 결과가 나올 수도 있습니다. 돌연변이를 일으킨 유전자는 생물이 번식할 때 다시 전해질 수 있습니다. 때로는 어떤 생물이 돌연변이로 말미암아 다른 생물보다 나은 특징을 갖게 되면서 번식에 더 유리해지기도 합니다. 이러한 유전자 돌연변이는 오랜 세월에 걸쳐 진화가 계속 일어나게 하는 힘이 됩니다.

선인장은 수분을 저장하는 데에 유리한 조직을 가지고 있습니다.

범고래 — 유선형 몸
지느러미
꼬리
다랑어

수렴 진화

서로 다른 생물이 진화해 비슷한 기능을 갖게 되기도 합니다. 이를 수렴 진화라고 합니다. 예를 들어 범고래와 다랑어는 아주 빠른 속도로 헤엄칠 수 있도록 몸의 형태가 진화했습니다. 물을 빠르게 가르며 나아가기 위한 지느러미와 꼬리, 그리고 유선형의 몸을 범고래와 다랑어 모두 가지고 있습니다. 하지만 범고래는 포유류이고 다랑어는 어류입니다.

적응

생물은 자신이 속한 환경에서 살아남는 데에 유리한 행동을 하며, 몸과 기관의 형태도 그에 맞게 되어 있습니다. 예를 들어, 추운 환경에 사는 동물은 몸을 따뜻하게 유지하기 위한 두꺼운 털가죽이 있고, 사막에 사는 식물들은 수분을 잃지 않기 위한 형태를 하고 있습니다.

공룡은 기후 변화에 적응하지 못하고 멸종했습니다.

집개들은 몇몇 유전자의 돌연변이로 아주 다른 모습이 되었습니다.

완전히 사라지는 생물

환경에 적응하지 못하는 생물은 완전히 사라져 멸종할 위험이 있습니다. 이런 일은 생물이 사는 환경이 갑자기 변하면서 일어날 수 있습니다. 예를 들어 공룡은 6600만 년 전에 거대한 소행성이 지구에 충돌할 때 그 영향으로 멸종했다고 추정되고 있습니다. 거대한 먼지구름이 일어 햇빛을 차단하면서 온 지구가 추워졌다는 것입니다. 생물의 멸종은 인간의 활동으로 일어나기도 합니다. 인도양의 모리셔스섬에는 도도라는 날지 못하는 새가 살고 있었습니다. 하지만 도도는 1600년대에 이 섬에 들어온 유럽의 선원들이 마구 사냥해 잡아먹는 바람에 멸종했습니다.

지구 지키기

기후 변화로 지구 곳곳의 환경이 바뀌면서 생물 서식지에도 변화가 일어나고 있습니다. 서식지가 많이 줄거나 아예 사라지고 있습니다. 인간의 활동은 이런 변화를 재촉하면서 서식지의 생물 종들을 위협하고 있습니다.

서식지 파괴

지구의 기온 상승으로 전 세계의 기후가 바뀌면서 생물의 서식지가 위협받고 있습니다. 계속 비가 오지 않아 심한 가뭄을 겪는 곳이 있는가 하면, 폭풍과 홍수에 계속 시달리는 곳도 있습니다. 극지방의 얼음이 녹고 있는 것은 그 지역에 사는 동물들이 생존의 터전을 잃고 있다는 뜻입니다.

지금과 같은 속도라면 북극의 얼음이 2040년 여름철까지 완전히 사라질 수도 있습니다.

인간 활동

어떤 지역에 인간 활동이 늘어나면 주변 생물 서식지에는 위협이 될 수 있습니다. 집과 도로를 만들기 위해 숲이 베어지고 잘못된 농사법으로 땅이 사막처럼 변할 수도 있습니다. 광산, 공장, 도시에서 배출되는 공해 물질 역시 땅을 오염시키고 야생 생물이 죽게 만듭니다.

보호 구역

인간 활동으로 서식지가 파괴되고 야생 생물이 죽는 것을 막기 위해 어떤 지역에는 보호 공원이 만들어졌습니다. 산호초, 열대 초원, 우림을 비롯한 야생 생물 서식지들이 그 대상입니다. 이런 지역에서는 생물 서식지를 보호하기 위해 인간 활동이 통제됩니다.

종 보호 활동

위기에 처한 동물들이 사는 곳을 보호하는 것 외에도, 동물의 숫자를 늘리기 위해 적극적인 역할에 나서는 사람들이 있습니다. 밀렵 감시인들은 밀렵꾼들이 동물을 죽이는 것을 막기 위해 보호 공원들을 지키고, 동물원들은 번식 프로그램을 통해 어린 새끼들을 키운 후 야생으로 다시 돌려보내고 있습니다.

지난 20년 동안 하와이의 바다거북 번식 프로그램들은 바다거북의 수가 매년 8퍼센트씩 늘어나는 데 도움을 주었습니다.

지난 50년 동안 아마존 우림의 약 17퍼센트가 도로와 마을, 그리고 광산과 농장을 만드느라 파괴되었습니다.

용어 설명

DNA
데옥시리보 핵산의 영어 머리글자. 사다리를 꼬아 놓은 듯한 길다란 화학 물질이며, 세포의 모양과 기능 같은 것을 지시하는 유전 정보를 포함하고 있습니다.

가루받이
식물의 수컷 생식 세포인 꽃가루를 암컷의 생식 세포인 암술에 붙여 씨앗을 만들 수 있게 되는 것.

가소성
재료에 힘을 가해 변형됐을 때 그 힘을 없애도 새로운 크기와 모양을 그대로 유지하는 성질.

공기 저항
공기 속을 운동하는 물체가 공기로부터 받는 일종의 마찰.

광년
빛이 1년 동안 가는 거리를 기준으로 만든 거리 단위.

광합성
식물이 엽록소를 이용해 햇빛과 물, 이산화 탄소에서 산소와 탄수화물을 만들어 내는 과정.

굴절
광선이 공기에서 물로 들어갈 때처럼, 물질과 물질의 경계를 통과하면서 진로가 바뀌는 것.

기후 변화
지구의 기후 변화, 특히 이산화 탄소 같은 온실가스의 농도 증가에 의한 전 지구적인 기온 상승을 가리킵니다.

기후
어떤 지역에서 긴 기간에 걸쳐 나타나는 전체적인 날씨.

끓음
액체의 온도가 충분히 높아져 거품을 일으키면서 기체로 변하는 것.

누름힘
날개를 거꾸로 달았을 때 위쪽의 공기 흐름에 의해 아래로 밀리는 힘. 자동차를 도로에 붙어 있게 해 접지력과 안정성을 높여 줍니다.

대기
행성이나 위성 같은 천체들을 둘러싸고 있는 기체층.

도체
열과 전기가 잘 통하는 재료.

마찰
두 물체를 서로 비빌 때 발생되는 힘. 이 힘은 물체의 운동 방향과 반대되는 방향으로 작용합니다.

맨틀
행성이나 위성에서 지각과 핵 사이에 위치한 층.

멸종
어떤 생물이 완전히 사라지는 것.

무척추동물
등뼈가 없는 동물.

반사
빛이 광택이 있는 표면이나 거울에 부딪쳐 튀어나오면서 방향이 바뀌는 것.

반응
두 가지 이상의 화학 물질이 결합해 다른 화학 물질이 되는 것.

변성암
아주 높은 온도와 압력에서 구조가 바뀌어 만들어진 암석.

복합 재료
두 개 이상의 물질로 된 재료. 예를 들어 탄소 섬유 복합 재료는 탄소 섬유와 플라스틱 수지를 합친 것입니다.

분자
화학 물질이 그 성질을 잃지 않고 존재할 수 있는 가장 작은 알갱이.

생태계
어느 지역 안에서 사는 동식물들, 그리고 이들 사이의 관계를 함께 나타내는 말.

서식지
식물이나 동물이 살고 성장하는 자연환경.

세포
독자적인 기능을 할 수 있는, 생물의 가장 작은 단위. 세포는 특정한 역할을 담당하는 더 작은 구조들을 담고 있습니다. 예를 들어 핵은 세포의 유전 정보를 담고 있고, 미토콘드리아는 호흡 작용을 통해 에너지를 생산하는 일을 합니다.

소행성
태양 궤도를 도는 암석 같은 작은 천체. 대부분의 소행성들은 소행성대라고 불리는 화성과 목성 사이의 특정한 위치에서 발견됩니다.

수력 전기
댐의 수로를 흐르는 물이나 바다의 밀물 썰물의 움직임 같은 물 흐름을 이용해 생산하는 전기.

수렴 진화
물고기와 고래의 지느러미 진화에서 볼 수 있는 것처럼, 서로 다른 종에 속하는 두 동물이 비슷한 기능을 가지거나 비슷한 행동을 하는 것.

승화
고체가 먼저 액체가 되는 단계를 거치지 않고 바로 기체로 변하는 과정.

식
달이 태양과 지구 사이에서 태양을 가릴 때처럼(일식), 한 천체가 다른 천체의 빛을 가리는 것.

신체 계통
몸의 특정한 기능을 담당하는 세포, 조직 그리고 기관들을 한데 일컫는 말.

압력
어떤 면적에 대해 가해지는 힘. 같은 힘이라도 작은 면적에 가해지면 큰 면적에 가해질 때보다 압력이 큽니다.

양력
날개 위쪽의 공기 흐름에 의해 항공기가 위쪽으로 들어 올려지는 힘.

양성자
원자핵 안에 있는 속 알갱이로 양전하를 띤 것.

에너지
어떤 일이나 활동을 할 수 있는 능력.

온실가스
태양 에너지를 지구 대기에 가둠으로써 온실 효과를 일으키는 기체들. 이산화 탄소와 메탄 같은 것들이 있습니다.

용액
한 물질(용질)이 액체(용매)에 완전히 녹아 있는 형태의 혼합물.

원소
한 가지 원자로만 이루어진 물질. 산소, 납, 탄소 같은 것이 그 예입니다.

원시 행성
행성으로 성장하는 초기 단계의 행성.

원심 분리기
물질을 넣고 회전시켜 구성 성분들을 분리하는 장치. 밀도가 높은 성분들은 아래로 가라앉고 밀도가 낮은 성분들은 위쪽에 남게 됩니다.

원자
화학 반응에 관여할 수 있는 가장 작은 단위의 물질.

유전자
세포의 역할과 기능을 지시하는 세포 속 정보. 이 정보는 세포의 DNA에 저장되며, 세포가 분열할 때 어미 세포에서 자식 세포로 전해집니다.

융해
고체의 온도가 어느 이상 높아져 액체로 변하는 것.

은하
수많은 별, 행성 그리고 성운들의 거대한 무리. 하나의 은하에 수백억 개의 별이 있기도 합니다.

응결
기체의 온도가 어느 이하로 낮아져 기체 알갱이들이 뭉치면서 액체로 변하는 것.

응고
액체의 온도가 어느 이상 낮아져 고체로 변하는 것.

자기장
자석이 자성체에 영향을 줄 수 있는 공간.

자연 선택
환경에 잘 적응하는 생물들이 자신의 특징들을 후대에 물려주고, 잘 적응하지 못한 생물들이 멸종하게 되는 과정.

적응
생물체가 어떤 환경에서 더 잘 살아남기 위해 어떤 특징을 발전시키거나 물려받는 것.

전자
음전하를 띠고 원자핵의 궤도를 도는 원자 속 알갱이.

전자기 스펙트럼
파장이 아주 긴 전파에서부터 파장이 아주 짧은 감마선에 이르기까지 전자기파들을 파장에 따라 배열한 것.

절연체
열이나 전기가 잘 통하지 않는 재료.

중력
질량을 가진 한 물체가 질량을 가진 다른 물체와 서로 끌어당기는 힘. 물체의 질량이 클수록 중력도 커집니다.

중성자
원자핵 속에서 발견되며 전기를 띠지 않은 속 알갱이.

증류
끓는점이 서로 다른 액체들이 섞인 혼합물을 가열해서 분리하는 과정.

증발
끓는점보다 낮은 온도에서 액체 표면의 알갱이들이 기체로 변하는 현상.

지각
행성이나 위성의 가장 바깥층.

진화
생물의 모습과 행동이 무수히 많은 세대에 걸쳐 서서히 바뀌는 과정.

척추동물
등뼈가 있는 동물.

천문학자
행성, 별, 은하 같은 천체들을 연구하는 과학자.

크로마토그래피
기체나 액체를 흡수 종이 같은 것에 통과시켜 그 구성 성분들을 분리하는 방법.

탄성
재료에 어떤 힘이 가해져 변형이 일어났다가 그 힘이 없어지면 원래의 모양과 크기로 돌아가려는 성질.

퇴적암
작은 돌 알갱이들이 쌓이고 눌려서 만들어진 암석.

판 구조론
지구의 지각을 이루는 거대한 판들이 이리저리 움직이고 서로 작용하면서 지질 현상을 일으킨다는 이론.

핵
행성이나 위성, 별의 중심에 해당하는 부분.

핵분열
원자의 핵이 쪼개지면서 엄청난 양의 에너지가 나오는 것.

핵융합
원자핵들이 충돌해 합쳐져 다른 원자핵이 되면서 엄청난 양의 에너지가 방출되는 것.

혜성
해왕성 궤도의 먼 뒤쪽에서 태양 둘레를 도는 얼음과 먼지 덩어리. 혜성이 태양에 접근하면 얼음과 먼지가 우주로 증발하면서 태양 빛을 반사해 가스와 먼지로 된 긴 꼬리가 생깁니다.

호흡
생물이 산소와 탄수화물을 이산화 탄소와 물로 바꾸면서 에너지를 얻는 과정.

화석 연료
오래전의 동식물 잔해가 변해 만들어진 에너지원. 석탄, 석유, 천연가스 등이 있습니다.

화성암
용암이 지하나 지상에서 식으면서 만들어진 암석.

힘
물체의 정지 상태나 운동 상태를 바꾸게 하는 작용.